终于看见了自己

［日］上野千鹤子 樋口惠子 著

潘郁灵 译

国际文化出版公司
·北京·

前 言

迄今为止，我曾遇到过几位让我钦佩、信服的优秀女性，只要她们对我开了口，无论什么事，无论多难，我都愿意为之全力以赴，樋口惠子女士便是其中一位。

我与樋口女士多次在座谈会和圆桌会议中相遇，不过认真回忆起来，我们并未有过深入的交谈。当她提出想和我聊聊时，我立刻就欣然接受了。

那次，我们聊天的主题是"人生的放手"。那一年，樋口女士已是88岁高龄，我比她小16岁。虽说我们都已度过了近百年的光阴，却依旧只是两个年老的初学者罢了。只不过樋口女士似乎开始步入我的一位畏友[1]春日木须良所说的"踉跄无力期"——双

---

1 品德端重，让人敬畏的朋友。——译者注

腿踉跄，四肢无力。她一直都是我敬仰的前辈，所以这一次，我一定要认真倾听她最真实的人生感悟。

樋口女士在一栋新房子中接待了我，这是她为晚年生活而翻新的宅子。她总是对我这个单身宅女说"之前我一直都在犹豫是该去养老院，还是应该在家里度过最后的时光"，但我想她的这个说法应该只是不想给其他人造成压力罢了。因为80岁后，她就将为了去养老院而攒下的所有积蓄都取了出来，买下了这栋心仪的房子。房子位于东京市内，自带一处庭院，但因年久失修而无法居住，于是樋口女士大笔一挥，将其重新翻修成了现在的模样。所以每次我见到她时都会笑言道："您这是破釜沉舟了啊。现在想去养老院也去不成了，看样子是做好了在家告别世界的准备。"

我提出想要参观一下樋口女士的新家。这是一栋带电梯的两层小楼，庭院干净整洁，可见定是时刻受到主人的精心维护。进门后不远便是起居室，坐在这里可以观赏到玄关两侧摆放着的绿色植物，起居室中放着一张护理床，方便将来在需要时接受护理人员的照顾。

虽说我们聊的是关于"人生的放手"的话题，但我感觉樋口女士并无丝毫放弃人生的意思（笑），她比我"贪婪"许多，浑身上下充满了活力。可我早就想和樋口姐姐聊聊"放手"这个话题了。说放手的时候，又何尝不是对开始的一种回忆呢？

我和她，分别在两个不同却相近的年代经历了社会的动荡，我们总觉得有聊不完的话题。

当然，不只是因为这一点。也许……也许樋口女士是希望趁着自己的头脑和记忆力尚算清晰，与我好好交谈一番，因为或许这会成为我们之间的最后一次详谈，所以我也十分珍惜这个机会。

于是我们谈论了许多话题，包括"对烹饪放手""对同学聚会放手""对家人放手"，甚至"对人生放手"。我们谈了好久好久，也谈了好多好多。

这个时代是幸运的，因为它拥有着樋口惠子这位贤达的女性。她的思想高度让我感到望尘莫及。

樋口女士，也请您教会我们该如何告别人生。

上野千鹤子

目录
Contents

· 第一章 ·
在家庭关系中，看见自己

003　作为母亲——重要的是爱，而不是控制
012　作为妻子——重要的是照顾自己，而不是丈夫
021　作为儿媳——重要的是夫妻关系，而不是婆媳关系
026　作为子女——重要的是孝顺的心意，而不是形式
　　　惠子小锦囊——正确的资产管理方式

·第二章·
在人际关系中,看见自己

035 　情谊篇——不是所有的情谊都一定要延续

038 　恩怨篇——选择原谅,是因为不想让心变得沉重

044 　探望篇——不是所有人都希望被探视

049 　权力篇——如果可以发光发热,为什么不呢

057 　团体篇——加入容易,退出难

059 　逝者篇——找到属于自己的告别仪式

063 　后事篇——为了不让后人操心,提前把事情想好

·第三章·
在日常事务中，看见自己

073　工作篇——只有收入稳定，才能做自己想做的事

081　环境篇——爱护环境是每个人的义务

086　爱好篇——即使坐轮椅也不要放弃喜欢的事情

090　宠物篇——善待每一个生命

094　打扮篇——可以精心打扮，也可以不修边幅

099　旅行篇——说走就走的旅行值得珍惜

101　断舍离篇——不如把东西送给有需要的人

105　观念篇——别让传统观念成为内心的障碍

113　健康篇——重要的是生命的质量

121　退休篇——人应该有尊严地生活下去

·第四章·
在家庭生活中，看见自己

129　饮食篇——做饭不应是女人一辈子的义务
　　　惠子小锦囊——外卖品鉴大会

143　藏书篇——宝贵的资料可以用另一种方式储存
　　　千鹤子小锦囊——期刊是见证时代变迁的重要资料

151　节食篇——规律饮食比控制饮食更重要

154　养老篇——居家和住养老院的两难抉择
　　　千鹤子小锦囊——做好在家孤独离开的准备

·第五章·
在人生旅程中，看见自己

169 药物篇——药物不一定会带来健康
　　惠子小锦囊——不要隐藏对药物的担忧
176 人生篇（1）——希望能生在性别平等的时代
183 人生篇（2）——希望人生能全部由自己做主
188 记忆篇——丢掉记忆的同时，也卸下了身份
191 遗嘱篇——希望亲友们能明白自己的意愿
　　惠子小锦囊——"人生会议"的意义在于不断重复

·结语·

第一章 在家庭关系中,看见自己

>> 作为母亲——重要的是爱,而不是控制

>> 作为妻子——重要的是照顾自己,而不是丈夫

>> 作为儿媳——重要的是夫妻关系,而不是婆媳关系

>> 作为子女——重要的是孝顺的心意,而不是形式

  惠子小锦囊——正确的资产管理方式

作为母亲——
重要的是爱，而不是控制

上野　前一段时间，我接受了一家育儿杂志的采访，就在结束的前一刻，他们问了我一个特别有深度的问题："您是如何看待'父母'的？"说实话，我感到很惊讶，因为我完全没有料到会被问到这个问题。可是还有更惊讶的呢，因为我居然脱口而出道："简直太烦人了"。（笑）因为这些话就这么原封不动地被刊登在了杂志上，本以为我这下肯定会成为众矢之的了，谁承想竟然几乎没有人提出抗议，甚至有很多人对此表示赞同。很快，我就收到了很多年轻母亲的来信，她们都表示："我一定会努力不让自己的孩子觉得厌烦。"

樋口　其实我也一样，虽然也爱他们、感激他们，但总体来说无论是父亲还是母亲，确实都挺烦人的。

上野　是的。无论强势的父母还是弱势的父母,似乎在这一点上都一样。

樋口　对,对。或许我女儿也有同样的感觉。虽然我不像您这么有名,但偶尔也会上上电视,多少还是有些知名度的,所以难免会遭到一些议论。

上野　所以您的女儿无论走到哪里,都会被贴上"樋口女士的女儿"这个标签吧。

樋口　正是如此。好在女儿很懂事,也没有对此有所抱怨。女儿青春期的那段时间,我再婚了,其实她应该是有怨言的。所幸她并没有因此而走上歪路,我一直都为此感到很欣慰。

上野　作为"樋口惠子的女儿",我想她也不会走上歪路的。

樋口　即便遇到困难,她也不会轻言放弃,对身边的朋友也十分真诚。虽然她也不算多么优秀的人,但对待工作还是非常认真的,现在是一名专业的放射科医生。

上野　令爱真是太优秀了,令人佩服。

　　　有些事情,人们会在父母离开后才明白。例如我的父亲是金泽[1]的一名乡村医生，他于2001年去世，享年86岁。他在世时，我总觉得他是一个典型的日本男人，顽固、暴躁、总爱乱发脾气，而且还不爱与人交往。他去世后，我发现来送别的那些患者都是特别有修养、特别聪慧的人。那一刻我才突然明白，原来他曾被这样一群人所信任过。我第一次为他曾是名专业医生而感到骄傲。

樋口　真没想到您的父亲居然是这样的性子。

上野　他是一名非常值得尊敬的专业医生，却也是个非常糟糕的丈夫、父亲。所以我才会觉得他烦人。

樋口　所以，只有父母才会这么烦人吧？

上野　说起来，对丈夫的爱与对孩子的爱完全不同，但似乎对父母的爱和对孩子的爱也是不同的。

樋口　完全不同！

上野　如您所知，我一直都是单身，所以我只经历过"孩子"的角色，从来不了解父母对孩子是

---

[1] 日本北陆地区石川县中部，是北陆地区最大的城市。——译者注

什么样的感情。您觉得作为一个母亲，什么时候才算完成任务了呢？

樋口 我和我的女儿总是吵架，我们就像是那种亲子不和的典型案例。但孩子毕竟是自己的血脉，小时候自然不用说了，哪怕是现在，只要她需要，我也一定是拼尽全力护她周全的。

上野 所以您觉得母亲的任务永远没有完成的那一日，是吗？

樋口 不会有的。除非我死了。

您看，晚年的丰臣秀吉[1]为了老来子秀赖，能够毫不犹豫地屠杀侄子秀次一家，可以说是极其心狠手辣。意识到自己时日无多后，他将儿子托孤给了五大老[2]和五奉行[3]，希望他们能够精心辅佐。如果问我死前会对身边的人留下什么遗言，我想一定会是"请替我好好照顾我的女儿"。

---

1 日本战国时代著名的大名、军事家和政治家。——译者注
2 丰臣政权末期制定的职务，由丰臣秀吉设立，用以辅佐他的幼子丰臣秀赖。——译者注
3 日本存在于平安时代至江户时代期间的一种官职。——译者注

儿子比孙子重要，自己比儿子重要

上野　冒昧地问您一个问题。作为一个母亲，您会担心未婚未育的女儿吗？丰臣秀吉之所以在晚年做出那么心狠手辣的事情，应该还是出于对未成年儿子的保护，所以才会在死前托付旁人好好照顾。如果是这样，那么等女儿成家了，有了孩子，您是不是就不会再担心了？

樋口　一样会担心的。对我来说，女儿比孙子辈重要很多，当然也可能是因为我还没有孙子辈后代的原因。

上野　说起来，我曾受托为河村都的《不被子孙所缚的生活方式》（产业编辑中心，2017年）一书写过推荐文章，我记得当时写过一句："儿子比孙子重要，但他们都不如我自己重要。不为子孙放弃自由的新一代祖母已经出现。"（笑）

樋口　是的，您说得很对。

上野　我还有一个一直想了解的问题：如果子女身带残疾，那么这些父母老了以后该怎么办呢？

我觉得这些父母最大的担忧就是您刚刚说的"托付孩子"的问题，也就是自己去世后，孩子该何去何从，我觉得这种父母就算"下了黄泉"也会满心牵挂吧。那么那些孩子是正常人的父母呢？其实我曾经问过很多父母："您觉得什么时候能放下孩子安心死去？"

樋口　我现在就可以。

上野　这么说来，您刚刚那句"请替我好好照顾我的女儿"其实是开玩笑的吧？（笑）

樋口　不管怎么说，我总归是把女儿拉扯大了。不过，在她找到工作之前，我还是很牵挂的。确实，就算我不在了，她或许也能顺利毕业，但我总觉得在她能够独立面对生活之前，我都应该给予她充分的帮助。所以她毕业的那天，我真的很高兴。

上野　那么是不是可以换句话说，孩子的毕业典礼，其实也是父母的毕业典礼？

樋口　或许可以说，从那一刻开始，无论我哪天死去，孩子都应具备独自生活的能力了。

上野　不需要再给生活费了。

樋口　是的，也不用再负担学费了。

上野　我有一些女性朋友在生下孩子后会说："太好了，我有活下去的理由了。"但我很好奇这个有效期究竟有多长。有些人说父母这个职业就是至死方休的，不过也不乏一些十分豁达的女性，认为从孩子出生的那一刻起，就是与自己不同的独立生命体了，所以无论自己以后如何，孩子都会靠自己活下去。

樋口　说起这个，我想先插入一个不同的话题。您和我都经常为一些媒体写人生建议类的文章，一些读者会来信询问我们如何看待父母偏心的问题，其中甚至有70多岁甚至80多岁的老人。到了这个年龄，他们也依旧无法释怀父母的偏心问题。您说，这是不是个无解的难题呢？

上野　可能父母一直到了离开的那一刻，都没有意识到自己的错误吧。如果真是这样，那么这种怨恨就会长久地留在孩子的心里。事实上，能做到平等对待每个孩子的父母几乎没有。

樋口　是绝对没有。我很庆幸自己只有一个女儿。

我曾觉得自己是个"博爱"之人，但其实我只是个普通人，也有非常明确的偏好。对于外人而言，我喜欢谁、不喜欢谁，或许他们不会和我计较太多，但如果面对自己的孩子，这种偏好就一定会给他们带来很大的影响。所以我很庆幸自己是个独生女的母亲，如果我有两个或三个孩子，我可能会更爱那个与我更亲近的孩子，或是长得更好看的孩子，又或是更优秀的孩子。

上野　我有一个儿女双全的同龄女性朋友，说自己"对女儿怎么都爱不起来"。这让我很是震惊，而且我确信会说出这种话的母亲一定不会在女儿面前掩饰自己的偏心。

樋口　我父亲偏疼我哥哥，就连我们家的亲戚朋友都觉得他对我太过冷淡。不过我倒不是很在意。哥哥是个男人，我是个女人，女人对被爱的方式有自己的要求，比如只要有机会学乐器、可以穿漂亮衣服，就足够了。

上野　我的父亲很爱我，但是那种不负责任的"对宠物的爱"。我的母亲每天都在为这个家操劳，连一分钟的休息时间都没有，可即便如此，父亲也一点都不体谅她，时不时就找碴儿和她吵架。父亲对我的哥哥和弟弟一直都有着很高的期望，不过对我这个唯一的女儿倒是有些溺爱，他总喜欢说："我的千鹤子，将来一定会成为一个贤惠的妻子。"虽然我从来没有尊重过他，但他的去世，以及葬礼上发生的事情，还是深深地触动了我。

樋口　即便是如同对宠物一般的爱，但毕竟也真心疼爱过你。

上野　是的。死者的人生也因此更有价值了，因为被爱的经历本身就是一件很珍贵的礼物。所以即便父母再烦人，再不负责任，只要曾经被他们爱过，就是很珍贵的经历。

作为妻子——
重要的是照顾自己，而不是丈夫

樋口　说到"对妻子角色的放手"这个话题，我想起了一对夫妻，两个人退休前都在同一家机构工作，而且都是中层干部。退休前，两个人有着明确的家务分工，结果妻子退休后，两个人的分工格局突然就被推翻了。简单来说，就是她的丈夫认为，既然妻子已经退休了，那她就理所应当承担起所有家务。

上野　为什么？

樋口　这种理论我也是第一次听说。她的丈夫认为：我之所以要分担家务，主要是因为你也有工作，那么既然你已经退休了，已经成了一个全职家庭主妇，自然就应该包揽所有的家务。于是这位妻子与她的丈夫进行了长达三个晚上的辩论，最后她终于让丈夫意识到了自己的错误，然后他们又恢复了从前的生活状态。

上野　也就是说，她丈夫一直都觉得退休前的妻子没有尽到家庭主妇的责任。所以她退休后，就可以做一个称职的家庭主妇了。简直就是胡说八道，他自己不也退休了吗？

樋口　对吧？（笑）两个人的工龄差不多，所以每个月退休金也基本相同。

上野　真是男人的自私逻辑。

这个话题让我想起了一对和我同龄的研究生夫妇。两个人在学生时代结婚并生下一个孩子，后来照顾孩子的工作全部落在了妻子身上。她的丈夫对她说："既然你比一般的女人优秀，那么自然也能和其他女人一样照顾好孩子和家里，不是吗？"是不是很厉害？

樋口　真够可以的。（笑）

上野　这位妻子是个很典型的日本女人，也就接受了丈夫的说法。不仅要看孩子、做家务，还要继续攻读研究生课程，所以十分疲惫。我本打算劝劝她，可是还没开口就被她的丈夫堵了回来："上野小姐，请不要试图像七大姑八大姨一样多管闲事。我们俩过得很幸福。"我很惊讶，为什么男人都觉得这是理所当然的事情。方才您说的那个例子，是妻子觉得不公平并说服了丈夫，而我的这个则是妻子被丈夫说服的案例。结果，您猜怎么着，妻子退学了。

那种在社会团体工作的男人基本上都是不称职的丈夫。因为社会团体基本上都代表着正义或大义，这就好比一个工作狂总喜欢说"我都是为了公司的利益而工作"一样，在社会团体工作的丈夫也会用同样的理由来解释自己为什么一天到晚都不回家。例如，岩崎千弘（绘本作家，1918—1974）的丈夫松本善明（律师、日本共产党原国会议员，1926—2009）是个非常了不起的人，曾亲手解决了被称为"战后最大的冤假错案"的松川事件，只不过因为忙于事业，他每天都是早出晚归。千弘作为女主人，自然就担起了照顾父母、孩子，以及管理一切家庭事务的重担，日子过得苦不堪言。某天她在丈夫回来时终于忍不住说了一声"都是你的错"，结果善明一脸茫然道："我能有什么

错？我几乎都不在家里啊。"（笑）

樋口　善明大概觉得自己什么也不用做。（笑）

上野　这个借口也很好吧？还得说千弘小姐豁达，她听完后先是愣了一下，然后居然笑了出来。

樋口　这就结束了？

上野　是啊。大概因为彼此还是相爱的吧。

樋口　我倒觉得啊，男人就该像个幽灵一样，在需要的时候出现，不需要的时候立刻滚开。可能对于男人来说，我们女人也该这样吧。

上野　在您这一代人中，还有那种妻子要对丈夫使用敬语的家庭吗？

樋口　应该没有了吧。

不过，松本清张不是写了一部叫《砂器》的小说吗？里面提到了麻风病，我看过这本书，我记得书中的妻子和丈夫说话时用的全部都是敬语。

上野　这部小说的时代背景是哪一年？

樋口　20世纪60年代吧。应该比我步入婚姻生活的年代还要早一些。

上野　我这一代人也是，我问过周围的一些学生，他们也表示现在没有哪家的妻子还会对丈夫使用敬语。

樋口　是的，如今已经改变很多了。我的父母都是明治时代[1]的人，所以我母亲经常会非常恭敬地问我父亲："请问，您现在需要我为您做些什么吗？"

上野　现在完全不会了。

樋口　这么一想，就能理解为什么婆媳总是不和了。您想啊，自己每天都要对丈夫恭恭敬敬的，结果这个不知道从哪里冒出来的女人，居然可以对自己疼了几十年的儿子毫不客气地说："你在干吗呢？"

上野　所以丈母娘和婆婆的想法完全不同。婆婆会觉得"这个女人好粗鲁，我儿子真可怜"，但丈母娘就完全不会有这种想法。

樋口　对啊。我的一个小学同学就总是抱怨儿媳妇太凶了，儿子天天被欺负。可是如果出现婆媳摩擦，这些儿子们则会坚定地站在妻子的身

---

[1] 1868—1912年，日本第122代天皇睦仁在位期间使用的年号。——译者注

边,觉得"是我妈太过分了"。(笑)

"好妻子可不是什么好福气"

樋口　这和上面的话题也有一些联系的,接下来我想写的是"妻子的悲惨史"。我觉得,日本女性之所以没有社会地位,之所以过得如此悲惨,根本原因就在于被妻子这个身份所困。如果想要扮演一个好妻子的角色,那未来的几十年一定会过得很悲惨。所以,做一个别人眼中的"坏妻子"又有何妨呢?

上野　而且对于婆婆来说,一个夺走"爱子"的女人就永远不可能是个"好妻子"。

樋口　您说得很对。其实有些时候,并不是婆婆要求儿媳妇要做到多完美,而是儿媳妇对自己的要求太高——"想要做个好妻子,自然就要无微不至地照顾丈夫啊"。结果这种想法把自己弄得疲惫不堪不说,可能还会落下病根。

上野　总有人说婆婆和儿媳妇要"亲如母女",我觉得这是不现实的。

樋口　我的闺密团中,有一个做了大概50年婆婆的人,她从来不会说儿媳妇的坏话。虽然她一直和儿子儿媳一家生活在一起,但从不干预他们的生活,而且还是个做家务的好手呢。

上野　这种婆婆啊,哪怕从不干预,但只要她站在那里,对儿媳妇就是一种很大压力。我是难以忍受的。

樋口　对于儿媳妇来说,这确实有些难受。儿媳妇会担心婆婆不知道什么时候就会出口训斥自己,可是等来等去,不仅没等到抱怨,反而等来了夸赞——"我家的春子真会做饭!""我家的春子平时会和我说……""偶尔春子的娘家会打电话给我,问什么时候方便把春子借给她们一下。也只有这样的父母才能教育出这么乖巧的女儿啊。"的确,春子是个贤惠善良的儿媳,她对婆婆的朋友们十分尊重有礼,从来不会做让婆婆不开心的事情,平时也是温婉友善,从来不会做遭人讨厌的事情,确实堪称完美。我本认为，再好、再贤惠的儿媳妇，只要长期和婆婆待在一起，就肯定会有抱怨，可是她真的从来没有过一句抱怨。

上野　每次一想到这两位性格都十分敏感的婆媳居然能一边保持着适当的距离，一边共同生活了半个世纪，且从来没有说过对方一句坏话，就连我这个外人都觉得快要崩溃了。春子她，其实也挺可怜的吧。

樋口　不过春子倒也没有因为压力而变瘦，相反还有些丰满，而且整个人的心态也很好。我经常琢磨，婆媳两人中，到底是哪个人比较伟大。

上野　说实话，听到娘家请求"借春子"的时候，我是很震惊的。嫁出去的女儿就是泼出去的水，这种观念在他们家可谓是根深蒂固了。这也是一部"妻子的悲惨史"啊。

樋口　春子和您的年纪差不多啊。

上野　我们这一代的很多女性都在婚后去了大城市，所以大多数情况下都是以小家庭的形式生活的。她们也不会生太多孩子，一般只会生育一个或两个，对吧？所以她们又希望将来能和儿子或女儿一起生活。每次听到她们的这种想法，我都觉得不能理解，毕竟她自己都没经历过做儿媳妇的日子啊。丈夫完全属于她，也不用应付婆家的亲戚，即便如此，也不愿意对儿子放手。

说起来，您之前不是说过一句很经典的话——"好妻子可不是什么好福气"。

樋口　是的。一个合格的妻子，必须将公婆和好吃懒做的丈夫都送走后，才能安心地离开这个世界。

上野　就是这些认真负责的妻子，让日本的父权制[1]死灰复燃。

樋口　可见，"好妻子会阻碍社会进步"啊。

---

[1] 指男子在家庭、社会中的支配性特权。——译者注

作为儿媳——
重要的是夫妻关系，而不是婆媳关系

上野　有段时间，很多人选择一毕业就结婚。人生百年，在 20 多岁的大好时光匆匆定下人生伴侣，然后要面对这个人超过半个世纪，想想就觉得不可理解。您是幸运的，您有过两个丈夫，并和平地送走了他们，没有彼此怨恨。我周围有很多女性朋友，天天都在期待自己什么时候能从家庭琐事中彻底走出来。

樋口　很多人都对我说，自己与儿媳妇的关系一直都不好。其中一个人说自己花了几千万日元建造了一栋二世代住宅[1]，但她和儿媳妇却已有 20 年不曾说过话了。听起来是一户富裕人家，

---

[1]　意指在同一栋房子内，分成上下或左右两个单位，两个入口。让亲子两代可以在同一建筑中过着互相独立的生活。——译者注

但这位婆婆为了避开儿媳妇，每天都是早出晚归地忙工作。晚上到家走进房间后，就开始怀疑自己的东西被偷了，其实这可能就是痴呆症的早期症状，总之她经常出现这种幻觉。于是儿子只好按照母亲的要求，把她的房间门给锁上，所以这个问题倒是顺利解决了。可问题是，他们家里那个已经上初中的孙子也不爱说话，他和自己的妈妈也不怎么交流，就连吃饭都不会坐在一张桌子上。我真不明白，这还能算是一家人吗？

上野　大概是维持表面的家庭关系吧？

樋口　我觉得还是为了财产。

上野　毕竟住在这里也不用交租金。不过我觉得，那位母亲要负主要责任，因为她试图利用金钱来控制自己的孩子。

樋口　所以这位母亲应该马上离开这个家庭。虽然我不了解究竟为何会出现这样的结果，但既然她们已经没有修复关系的可能性了，那就只有分开这一条路可走。

上野　不过其实也算是分开居住了，大概也只能维持现在的状态了吧。那么这位婆婆的诉求是什么呢？

樋口　她希望儿媳妇能改变态度，愿意和自己说话，但我觉得没什么希望了。

上野　是啊。多年累积下来的问题，岂是一朝一夕可以改变的。

樋口　我们经常会听说那种互相不交流的家庭，很不可思议对吧？但他们又毫无改善的办法，所以只能来找我们咨询了。

上野　对于有些家庭来说，不住在一起其实是最好的解决办法。

樋口　这种情况下输的肯定是父母一方，因为他们一定会走在孩子前头。既然如此，为何不在建这栋房子前给儿子一部分财产，让他搬出去住呢？显然，这对于她来说太难了。

上野　是因为这位母亲太依赖自己的孩子吧？大部分妈妈都是偏疼自己的长子。这就是为什么她明明和儿媳妇关系不好，却还是建了一栋二世代住宅。但她又不与住在隔壁的儿子和儿媳妇说话，反倒打算在将来有需要的时候让女儿过来照顾自己，哪怕女儿住得很远。这种家庭可不少见。

樋口　在二世代住宅里，妈妈很难和儿子一家住在一起。

上野　是啊，都说多年的媳妇熬成婆，可熬成婆后又会反过来苛求自己的儿媳妇不是吗？如果是小家庭单独生活，儿媳妇就不会这样了。一旦儿子站在自己母亲这边，儿子和自己妻子的关系就一定会破裂。所以儿子没有站在母亲这一边，而是选择了自己的小家庭。但我觉得这个选择是正确的。

樋口　确实是这样。要是再早几年，儿子可能会选择站在自己母亲这一边。

上野　我家就是这样的。我的父母之所以感情不和，很大的一个原因就在于我那位十分强势的祖母。我的父亲又是个典型的"妈宝男"，所以只要妻子和母亲有矛盾，他总是二话不说地站在自己母亲那一边，可以说是个非常不称职的丈夫。我和我的哥哥、弟弟从小就为母亲感到不平，所以我的两个兄弟就暗暗下定决心，将来出现婆媳矛盾时一定要站在妻子这一边。

多年后,我的两个兄弟都成家了,结果我的母亲又来找我诉苦了:"我的命可真是太苦了,丈夫听婆婆的,儿子又听媳妇儿的,怎么就没有一个人为我着想呢?"这个时候,作为女儿,我就必须安慰她道:"可是妈妈,只要他们小两口和和美美的不就好了吗?"不得不说,父母的生活方式,对我们的影响还是很大的。

作为子女——
重要的是孝顺的心意，而不是形式

上野　把父母送进养老院，就意味着不愿再照顾他们了吧。

樋口　我不这么认为。即使父母被送入养老院，他们也依旧能得到照顾——虽然方式有所不同。

上野　要说起来，定期去养老院里看看父母，也算得上是一种照顾。但我觉得这和时刻生活在一起还是有很大区别的。有些人可能会觉得，虽然父母被送进了养老院，但自己还是会经常去看望他们的。我认为这种只需要出点钱，丝毫不用出力的行为，算不上是照顾。当然，我并不反对把父母送进养老院，而且我认为无论是谁都有权利选择何时停止照顾家人。

樋口　我看过一部讲述小堀鸥一郎（医生，1938年生）生活的纪录片，叫《度过人生的时间》（导演：下村幸子，制作：日本放送协会，2019年）。里面有一位决定去养老院的老太太，她已经103岁了。镜头偶尔会切换到平时负责照顾她的儿媳妇，儿媳妇的脸上毫无表情，看起来就像是戴着看不出喜怒哀乐的面具。但这位103岁的老太太又是个很不喜欢被忽略的人。她问小堀医生"是不是我走了以后，她们都会觉得很高兴"。对此，小堀安慰她道："您是唯一一位还能问出这句话的103岁老人。"

虽然这位103岁的老太太也挺可怜的，但如果站在她那位70多岁的儿媳妇的角度看呢？从20出头嫁进来开始，她可能已经在婆婆身边照顾了半个多世纪，这样的生活让她感到麻木，甚至已经觉察不到喜怒哀乐了。或许她一直盼望着将两三个孩子养大成人后，就和自己的丈夫一起安享晚年，哪承想这位103岁的婆婆依旧健朗地活着。于是她决定将婆婆送进养老院，虽然从一定程度上说，这无异于赶走自己的婆婆。我很同情这位老太太，但我也完全能理解这位儿媳妇的感受。如果是这种情况，您会怎么做？

上野　如果是我，我会和丈夫一起搬出去住，但不会把103岁的婆婆从她住了一辈子的房子里赶出去。其实最重要的只是分开住而已，相对年轻的人可以租个公寓生活，所以我不理解他们为什么不这么做。

樋口　也许那栋房子是儿子的？

上野　我猜那栋房子是老太太的。因为配偶拥有优先继承权，也就是说老太太被赶出了自己的家。其实70多岁的儿媳妇只要要求她丈夫"我们两个搬出去吧"不就可以了吗？毕竟她的丈夫已经要求她耐心照顾了老太太几十年。

樋口　留老太太一个人住和送老太太去养老院，到底哪个更好一些呢？

上野　我觉得还是让老太太一个人住更好一些。因为即便儿子和儿媳妇搬出去住，也并不意味着他们从此就不是一家人了，如果儿子孝顺，也可以经常去探望母亲啊。

樋口　如此一来，老太太就可以依旧生活在熟悉的环境中。不过也有一些人可能会觉得，把老人单独留在家里不太好。

上野　把老人留在家里，毕竟还可以让左邻右舍帮忙照应一下。我觉得如果自己到了这个年纪，从住惯了的房子被转移到一个完全陌生的养老院，肯定是很难适应的。如果让老人自己选择，我想应该所有人都会选择留在自己家里吧。

樋口　就目前的社会趋势而言，送老年人去养老院是比较主流的做法。我想，大部分子女应该都不会选择自己搬到外面住。而且，送父母去养老院的花费应该也会更少一些。

上野　我觉得那个在103岁高龄被迫离家的老太太着实是个可怜人。

樋口　不过为人父母的，其实也都做好这方面的准备了吧，包括百岁之际被迫独自留守……虽然SDGs[1]一直在呼吁我们建立一个保障所有年龄段的人生存及福祉的社会。

上野　如果儿子儿媳搬出去住，老太太一个人住在家里，那老太太就不用再看面无表情的儿媳

1　Sustainable Development Goals，可持续发展目标，联合国制定的17个全球发展目标之一。——译者注

妇的脸色了，这可能更有利于老太太的心理健康。

如果有人来咨询我的意见，我一定会这么说。假如需要在被送走和独自留守之间做出选择，那我宁愿选择独自留守。我一直觉得，老人想待在自己的家里，和老人想和家人在一起生活，是完全不同的两回事。大部分情况下，我都会站在老人的角度思考问题。

樋口　可能有些老人已经把房屋的产权转让给长子了。

上野　配偶拥有一半的遗产继承权，而且如果有多人继承遗产，遗产税也相对更低一些。年纪越大，越要把财产都牢牢地攥在自己手里。

樋口　对，明明自己也是有继承权的，该拿的那一份自然是一定要拿的。

上野　孩子不想放弃房子，也不想离开自己的房子到别处生活，那就只能把老母亲赶出去了。反正等老母亲去世后，那栋房子依旧会被自己继承。

樋口　所以我希望老人们都愿意去养老院。

上野　所以我会选择在家里离开世界。

樋口　所以我希望商业性质的养老院越办越好。

上野　没有任何理由可以让父母离开自己的家,就应该让他们在家里度过余生。

樋口　留在家里也未必幸福啊。好了,就让我们各持己见吧。(笑)

惠子小锦囊——正确的资产管理方式

一些身体不太好，和孩子住在一起的老人，可能会将自己的房产证、存折、养老金账户等悉数交由儿子和儿媳妇保管。虽然孩子们会因此感到开心，但是我觉得对于老年人而言，自己的资产还是应该尽量掌握在自己手里。至于财产如何分配，是将来要考虑的问题。只要信息合法有效，订立时间最近、最新的那封遗嘱就会被视为有效遗嘱。

自己奋斗了一辈子才攒下的那些积蓄，自然应由自己全权管理。

我曾听过几句非常经典的台词：

"少年当有鲲鹏之志"

"中年当有妻儿之乐"

"老年当有囊中之财"

说得太好了。

第二章　在人际关系中，看见自己

>> 情谊篇——不是所有的情谊都一定要延续

>> 恩怨篇——选择原谅，是因为不想让心变得沉重

>> 探望篇——不是所有人都希望被探视

>> 权力篇——如果可以发光发热，为什么不呢

>> 团体篇——加入容易，退出难

>> 逝者篇——找到属于自己的告别仪式

>> 后事篇——为了不让后人操心，提前把事情想好

情谊篇——
不是所有的情谊都一定要延续

上野　走亲戚、拜访邻居、同学聚会、法事活动……我，通通都不做！除了必要的社交外，我不会再参加任何活动。其他老年人还会参加这些活动吗？

樋口　我最近刚刚参加了一场高中同学聚会。不过大部分 87 岁的老人[1]已经无法独自出门了，所以本应有 120 人参加的聚会，结果来的只有不到 40 人。其中还有一个是坐着轮椅，被家人推着来的。我那位 100 岁的班主任反而是精神的。所以他们还会继续筹备聚会，并准备了一份名单来登记出席人员。但我想，这种聚会

---

[1] 作者当时年纪为 87 岁，她同一届的高中同学也大都是同龄人。——译者注

应该维持不到我们 90 岁吧。

上野 我实在不觉得同学聚会有什么意思，有些人，就算看到脸也记不起来名字了不是吗？

樋口 是的，很多人我都不记得了。

上野 对吧？那么去这种聚会还有什么乐趣呢？

樋口 可能只是想与亲近的人交流吧。

上野 是一种责任吗？

樋口 不是责任，只是因为来参加聚会的人里面也有一些和自己关系特别好的——这么说来倒也可以说是责任。不过听听大家的消息也挺有意思的啊。您已经不去参加高中同学聚会了吗？

上野 完全不去了。我对这些聚会实在是提不起兴致。就算是那些在高中或者初中时玩得比较好的同学，也已经好久没联系了，就算现在坐到一起，我也觉得……不过还是有许多喜欢参加同学聚会的人。我一直很想知道聚会的乐趣究竟在哪里呢？

樋口 我觉得，可能是因为快 90 岁的老人已经没有什么娱乐活动了，每天都过着单调重复的生活。所以偶尔出现一些不一样的"插曲"，就算是对生活的调剂吧。可是对于我们这些快 90 岁的人来说,哪怕是这些仅剩的调剂品都维持不了多长时间了,说起来也真是挺伤感的。

恩怨篇——

选择原谅,是因为不想让心变得沉重

上野 您有没有想和解或想道歉的对象?

樋口 想道歉的对象?没有,我倒觉得有些人应该向我道歉。不过,算了。我已经决定原谅他们了,我不停地告诉自己,要喜欢所有人。

上野 啊,是吗?您心里藏着这么多恨意吗?

樋口 我这个人看起来挺开朗的,对所有人也都很友好,但其实我的内心是很脆弱的。所以别人对我说过的话,无论是好是坏,我都会一直记在心里,甚至会不断放大。不过怨愤并不一定都是坏事,对有些人来说,这可能会成为支撑他生活下去的动力,所以不能一概而论。但如果一直放不下,我们的内心就会变得阴暗、沉重。所以就在某一天,我决定暂时忘了这些话,将它们束之高阁。也许将来我就忘了,也许说

这些话的人比我先一步闭眼了。如果怎么都无法原谅他们，那就等我下了黄泉再回头找他们算账吧。（笑）

上野 哈哈哈哈……

樋口 想想都觉得很有意思对吧。我给这些人编了号，"黄泉算账一号""黄泉算账二号"，不过这些人也会死对吧，所以这个编号会根据他们下黄泉的时间发生变化。还有一种可能性就是，我过阵子觉得某些人其实也不那么可恶了，那就把这些人的编号往后调几位。决定好了算账顺序以后，我觉得自己的心态好了许多。而且，也有可能是我准备算账的对象先笑眯眯地来找我啊，那样我就会很庆幸当时没和对方撕破脸。说到这个，我有一个印象深刻的经历。2003 年，我参加了东京都知事的选举[1]，现在想来，参加选举可以说是我这辈子最失策的一件事……

---

[1] 时任东京都知事的石原慎太郎在当时具有压倒性的优势，但樋口女士依旧为了提高妇女地位和民主力量而勇敢发声。——作者注

上野 失策？

樋口 唔，可能是失策，也可能不是吧。看待问题的角度不同，结论也会不同，其实就连我自己也没有准确答案。不过那次选举让我意识到，原来世上有很多"一点就着"的人，不仅容易生气，还非常记仇。其实以前我也是类似的性格，不过选举过后，我就像变了一个人似的。说起来，还要归功于算账对象一号、二号、三号……因为他们在那场基本没有胜算的选举中给了我很多支持。或者说，也许在未来的某一天，我们可能需要得到那个曾经被自己讨厌的人的帮助。回头想想自己当时生气的原因，其实也无关自己的节操或原则，可以说就是些鸡毛蒜皮的小事。从那以后，我学会了淡然对待人生。之所以会感到生气，归根结底还是因为自己不够成熟。

想写下对社会的不满

上野 我是个很敏感的人,不过好在我又是个非常健忘的人。就算再次遇到自己讨厌的人,也只是感觉自己似乎很讨厌这个人而已,但要是问我具体为什么讨厌他,那是肯定记不起来的。(笑)

樋口 记不住事情可是一种美德哦。健忘症绝对称得上是一种美德。

上野 也多亏自己这脑子,很多糟事才不会一直留在心里。(笑)年少轻狂时,我也做了很多对不起别人的错事,所以我也从来不敢要求别人向我道歉。

前几天,我见到了田中美津女士(针灸师、女权运动先驱者,1943年生),她说:"长寿也是一门技术。"为什么这么说呢?因为我们其实都能猜到,如果自己死了,哪些人会在背后辱骂我们。所以我们得比那些人活得更久,我们得熬死他们。这就是她称之为"技术"的原因。不过其实也可以反过来想,如果我们先走一步，不就可以在阴间默默观察其他人的言行了吗？

樋口 走之前，我想把对某位首相的意见都写下来。

上野 那这就不是对某个人的不满了，而是对这个社会的。

樋口 是的，对社会的不满。可能他自己并不觉得做错过什么，但这也许就是伟人们的宿命。

上野 也可以写成一本书。可是想想自己要为此付出的时间和精力，您不觉得把宝贵的时间浪费在一个无聊的人身上是件很没有意义的事情吗？

樋口 倒也不用写那么多啦。只不过经历过我们那一代女权运动的人，绝对不会忘记某些执政党的抵制行为（对性别平等运动的强烈抵制），那些政党就连《男女共同参与社会基本法》的内容都要加以干涉。我记得您也曾参与过这项运动，当时他们试图将性别平等理论踢出公共图书馆。如果我也能出一部自传，我一定会留出一个章节来写关于原宏子（文化人类学家，1934—2019）、堂本晓子（政治家，1932年生）、岩男寿美子（心理学家，1935—2018）等各位女先生们在共同讨论后形成的论点。

上野 我记得您曾经收到过自传的撰稿邀请吧？

樋口 大约10年前，一家出版商对我发出过邀请。我是唯一一个被邀请写自传的女性，不过我拒绝了。

上野 那是因为您还没老。（笑）

樋口 哈哈哈！（笑）

探望篇——

不是所有人都希望被探视

上野　您怎么看待"探望一个命不久矣的人"这件事?

樋口　我有一个同学,从小学到大学,我们都在同一所学校里。毕业后,她在一家媒体公司工作。我这位同学进入"踉跄无力期"的时间要比我略早一些,据她儿子说,她现在几乎整天都在养老院或者医院里躺着。所以如果要探望,可就要趁早了。

但是,探病其实多少带有一种"俯视"的感觉。年轻的患者还好,毕竟还有机会痊愈,可要是患者上了年纪,那可就不好说了。所以探病者是以俯视的心态去看望病人的,而被探病者则不得不仰视对方,这个心态与目光高度是一致的。一想到被探病者的内心活动,我就有些犹豫了。所以，我想先写信问问她本人和儿子是否方便。如果对方同意，我会对这位从6岁开始一起长大的朋友说一声"谢谢"。她是个体态娇小的女强人，而我则是个头儿较高的女强人。我们手拉着手上了同一所高中，又手拉着手上了同一所大学。毕业后，我们找了不同的工作，嫁给了不同的人，可在我年轻守寡的那段时间，她每天晚上都会来安慰我。偶尔出版社会让我写一些比较大的话题文章，我也总喜欢把她叫来我家向她咨询："出版社让我写这个话题，社会上有没有什么反对意见？"这种时候，我一般都会站在保守的立场上，而她则是安安静静地思考，然后给我提出很多全新的想法。这种交流甚至会持续一两个晚上，我能一直给《妇人公论》等刊物投稿，也正是因为能经常和她进行思想碰撞。

上野　我还从未听您说过这个故事呢。这可真是"神仙友情"啊！她就像是您背后的军师一样。

樋口　当然，最终的稿件还是按照我的思想来写的。但是在与批判势力对抗的过程中，自己的智慧也会得到很大的提升。许多人都对我的文章青睐有加，我的名气也因此越来越大。可以说在我急于表现自己的30多岁的那段时间，她给了我莫大的支持。奇怪的是，我这位看起来理应过得十分幸福的朋友后来居然得了抑郁症，人也变得十分消瘦。我很想亲口对这位挚友说声"谢谢"，但我又不太确定，她听到这声"谢谢"后是否会感到开心。

上野 您一定要当面感谢她是吗？不能通过信件的方式吗？

樋口 我想先写封信问问她愿不愿意见我，如果不愿意，我再写信感谢她。

现在想起来，30多岁的她会天天陪着我思想碰撞，也是有原因的——她的婆婆和他们小两口住在一起，所以她也不愿意回家。据说她的婆婆对她的工作并不理解。在这一点上，我反而是幸运的。那段时间我还没有遇到第二任丈夫，我的母亲也十分热情好客，所以家里即便有客人待到深夜，也不会有人抱怨。所以她也非常愿意来我这里待着。后来她跟着我加入了

"日本妇女问题恳谈会"，还在会报中发表了连载文章，这些文章就是根据我俩的对话写成的。后来她也和我一起参加了"家庭科男女共修"[1]的倡议活动。

上野　那可真是志同道合啊。

樋口　是的，我们就是同志。所以，无论她当时是否出于躲避婆婆的目的，我都想真心地对她说一句："我能有今天的名气，功劳簿上也有你的一笔。谢谢你。"

上野　您一直没有对她说过这句话吗？

樋口　当然没有啊，说这种话多尴尬啊。（笑）

上野　为什么呀？我最近跟很多人说了"谢谢"，我想在他们身体健康的时候告诉他们。我会告诉他们"谢谢你当时为我做了这些"，或是"我一直很敬佩你这一点"。如果您也想对朋友说"谢谢"，那可就得快点说了，要是留下遗憾就不好了。

樋口　也许您说得对。

---

[1] 20世纪70年代日本社会开始讨论"男女学生都要参加家庭课程"的问题。——译者注

上野　所以如果她收到您的信后愿意见您,那就多说几声"谢谢"吧。可别吝啬地只说一句哦。

樋口　那就……赶紧写封信吧。

权力篇——
如果可以发光发热，为什么不呢

上野　说起来，有件事我一直挺好奇的，您是否考虑过何时卸下"让老龄化社会更美好之妇女会"的理事长一职呢？

樋口　您怎么看的？

上野　您可别问我，（笑）不过每次看着您，我都在思考自己该在什么时候离开。

樋口　之前，四位主要负责人在关于协会将来该何去何从的问题上曾做过深入讨论，其他三位负责人都表示"我们尊重樋口女士的决定"。确实，一直以来都是我在安排协会的事务，就连活动地点都是我提供的。这个协会本来就是由一千个比我大 10 岁的老姐姐们组成的，所以最近老龄化也是越发严重了，而且陆续有人因去世或住进养老院而离开协会。不过我们调查民意后发现，"请不要熄灭这超高龄社会中的唯一一盏女性团体之灯"的呼声还是非常高的，所以我也有些为难。

上野　"尊重樋口女士的决定"，是否意味着一切由您做主呢？

樋口　如果让我来决定，我会对理事成员进行大幅调整，以确保协会的可持续发展。如果您也愿意加入，那更是再好不过了。可是疫情当前，我们连理事会都无法召开。所以大家一致同意，将现有的人事任命延长两年。所以我希望能在今年到明年之间做一个决定。

上野　您有没有想过卸任这件事？

樋口　从来没有。

上野　哦，这样啊，那我想问个有些冒昧的问题：是因为您觉得后继无人吗？

樋口　现任的副理会长和秘书长都是很有能力的人，为人也很和善。我认为她们完全可以胜任协会的管理工作。问题就在于她们的年纪和我也差不了几岁。

另一个就是经济方面的问题。一直以来，我都将新宿的办公室用作协会活动的地点，也考虑过以后是否要将这个办公室移交给后任理事长，或是直接移交给协会。

上野　这个办公室是您自己的吗？

樋口　是的。不过经历了新冠肺炎疫情后，我倒是有了一些新的想法。疫情前，我们经常组织一些讲座呀、课程呀，疫情突发后就全部停止了，我也一下子体会到了什么叫坐吃山空。我们永远不知道这个世界下一秒会发生什么变化，所以我觉得移交办公室这件事还是要再慎重考虑一段时间。

上野　我们的 WAN[1] 协会连办公室都没有呢，就在理事长家中办公。

樋口　接手协会后，我才意识到活动基地很重要。

上野　我很理解，但我们也确实是负担不起。

樋口　所以我用毕生积蓄买下了的那间办公室，就是"让老龄化社会更美好之妇女会"长久运营下去的保障。所有人都很明白这一点，所以一直

1　Women's Action Network 的缩写，由上野千鹤子担任理事长的合规性非营利组织。——译者注

都十分尊重我。但是，协会的运营不可能只靠某几个人的力量，一定少不了公开讨论、商议、地方团体支援活动等的协助。但俗话说"天下没有不散的筵席"，我不知道将来该如何放手。

上野　其实我对这个问题也很有兴趣，想看看您将来会怎么做。

樋口　要不，您接手吧？

上野　您可饶了我吧。我肩上的担子已经够重了，我觉得还是培养下一代接班人比较好。

樋口　学者和社会团体成员中确实不乏优秀的全能之才，但性别不平等之类的问题导致这些人得不到全面成长。而且优秀的大学女教师，平时也是非常忙的。

上野　但她们也有退休的时候啊。

樋口　话虽如此，但这样一来，我们的搜索范围就只剩下50岁以上且愿意从事NPO[1]活动的学者了。

上野　我最近倒有一个不一样的思路。如您所说，尽管这个社会对女性不太友好，可只要有上进

1　非营利组织。——译者注

心、能干，女性依旧可以得到一份体面的工作，收入也很可观。所以我们很难要求这样的人自愿加入志愿者的队伍。

樋口　所以我们要提升社会团体的魅力。

上野　您说得很对。但我觉得年轻人应该不大愿意做这些。所以我把目光放在了那些65岁退休的人群中，这些人至少还能工作10年，可以充分发挥他们的余热。例如从编辑岗位上退下来的那些人就很合适，因为她们非常擅长与不同行业的人打交道。

樋口　目前我们比较想要的是，一个能站在弱势妇女的立场上开展活动，并勇于向社会和政府发声的人。

上野　请让我来。政府一定讨厌死我了。（笑）

樋口　这里也存在一个歧视问题，审议会委员有一个内部规定，允许员工70岁后退休。

上野　因为要讨论高龄化社会问题，肯定要有一些高龄人士参与讨论。

樋口　确实也有这方面的考虑。2008年，日本推出了后期高龄者医疗制度[1]，继介护保险[2]之后，我时隔多年再次于国会发表了自己的看法。当时我就发现，虽然后期高龄者医疗制度是为75岁以上的老年人制定的，但参与决议的人群中，几乎没有75岁以上的老年人。

上野 这不是很奇怪吗？

樋口 后来成立的医疗保险部会[3]中，分别指定了一位75岁以上的男性和一位75岁以上的女性参与，我便是其中一员。

上野 这意味着您有机会改变制度了？

樋口 是的，所以我还有很多事情要做。

上野 这样说来，您的社会活动可以说是至死方休了。我接任NPO的理事长一职后，每天想得最多的事情就是如何培养接班人，以及自己该什么时候卸任的问题。

---

1 以75岁以上和65岁以上身体残疾的老人为对象的医疗制度。——译者注

2 类似后期高龄者医疗制度，是对65岁以上的高龄者以及40至65岁有特殊疾病者提供帮助的保险制度。

3 部会，日本的一种组织名称，类似于小组委员会。——译者注

樋口　其实我一直觉得培养接班人这件事，从某种意义上说是有点"不敬"的。因为接班人也有自己的想法，完全可以自己决定该怎么做。

上野　您说得很对。我曾问过一位风险公司的创始人："您想过何时退休的问题吗？"他告诉我："说实话我从来没有想过这个问题。可能会一直干到干不动的那天吧。不过我从来不担心这个问题，因为我离开后，我的同事们也一样可以干得很好。"

樋口　我完全赞同。其实您也可以这么做。

上野　但我总担心自己一直把持着权力，会不会不太好……

樋口　我能理解人们对长期把持权力者的不满情绪，但老龄化社会才刚刚开始。虽说我现在已经将近90岁了，但事实上还有更多的虚弱者（处于健康和生活不能自理之间的阶段），或者也可以说是处于"踉跄无力期"的老年人，可以说这个人群无论是数量还是质量，都在高龄人口中处于压倒性的位置，这同时也是我们面临的最大问题。如果让那些喜欢宅在家里的老年人们再次踏入社会，如何给她们更好、更多的护理，如何完善社会信用体系，以替代家人的作用等，可以说要解决的问题真是堆积如山啊。

团体篇——
加入容易，退出难

上野　各种社团、粉丝俱乐部、活动团体的会员续费日应该都集中在四月吧。如果参加几十个这样的团体，每年光会员费就是一笔不小的开支。但很多团体光收会费了，从来也没举办过什么像样的活动，这种会费简直跟税收差不多。

樋口　我也加入了不少这样的团体。

上野　我也是啊。但我一直都将会费视为公民税金，权当造福那些真正有需要的会员了。所以，在我可接受的范围内，我倒是愿意继续缴纳。但有些团体离我实在是太远了，一年到头也去不了几次，我也问过他们"请问我可以退出吗"，但每次人家都说"您是我们仅有的几十位成员中的一位，一直以来都承蒙您的鼓励"，我也就不好再提退会的事情了。（笑）

樋口　确实是很难退哦！我工作了这么长时间，每年都能收到很多信件。我那间办公室里都快堆不下了，但其中手写的信件也就一两封而已。

上野　我也一样。

樋口　我那位老伴儿生前也加入了许多学会和社团，所以他走后，每次收到这些团体寄来的定期刊物，我都会写好几封明信片告诉他们"本人已去世，感谢您长期寄送"。

上野　为什么不打印呢？打字机写好，再打印出来不是更方便吗？

樋口　不过我还是更喜欢手写。等过段时间把自己的后事提上日程后，我就会把寄过期刊给我的机构全都列出来，然后让我的女儿或侄女帮我打字，就写"非常感谢您多年来一直给我寄刊物，让我学到了很多，只是很遗憾，我最近刚刚咽气"。

上野　用的居然是过去时啊，（笑）那就不是死前寄出，而是死后寄出了，而且还是用自己的口吻。真亏您想得出来。

逝者篇——
找到属于自己的告别仪式

上野　我总听大家说，如果家里亲戚多，光是红白事都能掏空我们的棺材本。

樋口　这确实是个大问题。

我曾在报纸上看到过一篇文章，里面提到了一个新词叫"行为告别"。文章大致写的是，一对老夫妻已经为儿孙做了几十年的饭，但最近发现无论是体力还是经济都很难再支撑他们继续下去，于是他们决定以后不再这么做了，那位母亲终于鼓起勇气告诉儿孙，以后也欢迎他们来做客，但不会再给他们做饭了。

上野　对自己的孩子当然可以这么说。但亲戚朋友去世都是很突然的，我常听人说，每年都要支出许多预料之外的白事随礼。

在这方面，我一直很佩服社会学家鹤见和子女士（社会学家，1918—2006）。她是我很好的朋友，她本人可以说是单纯、善良了一辈子，所以我总是戏称她为"老 baby"（老可爱），她一般管我叫"老混混"，（笑）每次听到这个称呼，我都觉得她是在提醒我"可千万别嘚瑟"。我的这位"老 baby"照顾卧病在床的父亲（政治家鹤见祐辅）长达 14 年并送走了他。有一次，我约了"老 baby"吃饭，结果她迟到了一会儿，进来的时候还喘着粗气。我就问她是从哪儿过来的，她说去参加父亲朋友的葬礼了。然后她告诉我："我终于履行完所有的义务了。"也就是说，她已经替父亲参加完所有朋友的葬礼了。听到这里，我真的很感动，并暗暗发誓以后再也不喊她"老 baby"了。我这个人没什么责任心，所以一直十分佩服那些意志坚定的人。

樋口 我也是如此。我就是再有责任心，这副身子骨也不允许我太"蹦跶"了，而且我也绝对不会对一个意志坚定的人指手画脚。特别这几年更是感到自己大限将至，所以越发佩服那些意志坚定的人。

上野 这几年我已经不大参加婚礼了，但只要身体允许，还是会尽量出席葬礼的，我想和离开的人好好道别。然而随着年龄的增长，我越发意识到自己与逝者家属其实是陌生的。就是有些家属，我可能以前从来没见过。尽管我和逝者很亲近，但我还是第一次见到他的家人。有些时候，我甚至不知道这位去世的朋友原来结过婚。因此，即便去参加葬礼，面对的也是一些完全陌生的人，更别提跟谁一起忆当年了。

樋口 我跟您说个真事。我的一位女同学去世了，我就去殡仪馆送她最后一程。到了殡仪馆，却发现那儿同时在举行多场追悼会，偏偏我又只记得这位女同学婚前姓什么，从来没注意过她冠了什么夫姓。然后我就想，要不就找找照片吧，可是我们很多年没见了，大家的变化都很大，哪里还能认得出来呢？结果我什么都没做，就这么又回来了。（笑）

上野 所以我最近也不太愿意参加葬礼了。可是如果不亲自对尊敬或喜欢的人说一声再见，我又总觉得会留下遗憾。于是我委托京都的一家只以山野花为材料的花店，在逝者"七七"过后帮我送一束花到他家中。因为葬礼上可从来不会缺花，所以我就等那些花都谢了以后给他续上新的花。我想用这种方式对他说再见，这是属于我一个人的"告别仪式"。

樋口　看着身边的人一个个离去，其实是一件非常悲伤的事情，只要还走得动，我就会尽量去参加他们的葬礼和追悼会，不过说实话我也坚持不了多久了。如果谁能赶在未来的一年内去找阎王爷报到，还有机会得到我的送别。

上野　也就是您预感两年后自己就走不动了是吧？这么说来，何时开始不去参加葬礼，其实还是由自己的体力决定的。

后事篇——
为了不让后人操心，提前把事情想好

上野　您百年之后会葬入樋口家的祖坟吗？

樋口　不会的，我会回到自己家，也就是柴田家的祖坟。我的第一任丈夫出生于长野县的樋口家，算得上是百年世家了，子孙遍布县内各地。族谱记载他们的祖先是一位平家落人[1]，好像是叫樋口次郎什么的吧，有记录的后代就有几百人了。

上野　这八成也作不得数。（笑）毕竟江户时代出过很多倒卖族谱的案例。

樋口　其中，樋口本家与另外两个分支被视为三大名门，只有这三大族的子孙才被允许葬入位于长

---

[1] 平家的落难者。在日本历史上，平家跟源氏有过战争，在接连战败之后平家的族人为了躲避追捕而逃亡到日本各地。——译者注

野松本的，占地多达两座山的祖坟中。两座山被铁栅栏围得严严实实，只留有一扇铁门可供进出，这扇铁门的钥匙掌握在三大族族长手里。我丈夫阿敦和他父母的墓就位于半山腰上。

上野　那么您第二任丈夫也是埋在祖坟里吗？

樋口　他亲自为先祖捡骨移葬，但自己并没有进入祖坟。所以我把他"带在身边"了。

上野　现在也带着？

樋口　对，现在不是流行合葬墓[1]吗？我把他的骨灰分成了两份，八分之一埋入合葬墓，剩下的一直都由我保管着。

上野　那您以后打算怎么办？

樋口　这可以算是我这辈子最后一项任务了吧。虽然现在因为新冠肺炎疫情，很多事都做不了，不过我一直都在思考把我的第二任丈夫和我合葬，尽量减轻孩子的负担。这也是我安排的最后一项后事了。我的第二任丈夫曾经说过："我已经把自己家里的一切都安排好了，不会

1　日本流行的合葬是指与陌生人合葬，这种方式能省下单独购买墓地的钱。——译者注

再有什么需要你操心的事了。"可他偏偏把自己给忘了，他先死了，我不是一样要操心怎么处理他的后事吗？（笑）

上野　他写过遗嘱吗？有没有交代过要埋在哪里之类的？

樋口　他好像完全忘了自己的遗骨这件事了，包括我自己也没想过。

上野　那可真够您操心的了，人的身后事本来就是一件很麻烦的事情。对于我这个百无禁忌的人来说，有时候真是无法理解怎么就非要给自己找这么件麻烦事呢。

樋口　因为如果我们不操心，操心的就是后人。
每个人拿出八分之一的遗骨埋入合葬墓内，这是与已故东洋大学校长矶村荣一先生的一位学生相熟的一间寺庙提出来的新型安葬方式。葬入其中的所有人都是生前互不相识的陌生人，有着不同的宗教信仰和血缘。只不过想加入的人实在是太多了，所以规定只允许每个人拿出八分之一的遗骨葬入。

上野　我很好奇，为什么是八分之一？不过这也挺有趣的，虽然身体不能被分割，但遗骨可以啊。所以如果生前与许多男人交往过，死后就可以将遗骨分成好几份，分别埋入每个伴侣所在的墓中了。

单身人士的墓葬

樋口　您想过自己的身后事安排吗？

上野　我们家族的祖坟在一个比较偏远的地方，所以前一阵子，我哥哥迁过一次祖坟，也没让我承担任何费用，所以我就觉得他是想让我自己安排后事了。我在一篇小短文中提到了这件事，不知怎的就被我哥哥看到了，然后他就跟我说："我可没这么想过，你也可以埋进来啊。"（笑）但我对坟墓也不感兴趣。

樋口　如果您的兄长这么说，那我觉得您就答应了吧。

上野　但我接受不了把自己的遗骨放在陌生的坟墓里，所以我留了遗嘱，想把自己的骨灰撒向大地。当然，我也指定了撒骨灰的地点。我听说有些人要求后人把自己的骨灰撒进美丽的冲绳海，不过我可不会提这么麻烦的要求，就近就好。

您愿意把您先生的骨灰撒向大地吗？

樋口　这听起来似乎挺麻烦的，更何况我也走不动了。

上野　其实没有您想得那么困难。您只需要每次出门的时候往山上或是海里撒一点，慢慢就撒完了。其实不用考虑撒骨许可之类的麻烦问题。

说起来，加纳实纪女士（女性史研究者，1940—2019）不久前也去世了，据说她在加纳家族祖坟旁建了一座新墓，墓碑上刻着"信实"两个字，分别取她与先生两个人名字中的一个字组合而成。她说与丈夫"生则同衾，死则同穴"，所以才建了这么一座夫妻墓。不过有一点我不太理解，或许他们生前的确非常相爱，但如果墓碑上只写了这么两个字，不就意味着他们不会与孩子合葬了？他们是想死后也过二人世界吗？

樋口　对了，您准备把自己的骨灰撒在哪里呢？

上野　京都大文字山里的那个，往"大"字上加上一点就会变成"犬"字的地方。我的宠物（爱鸟）就埋在那里。所以我也希望我的骨灰能撒在那里。很早以前，我就委托过朋友帮忙撒骨灰了，这点儿忙，我想他们还是愿意帮的。我每隔几年就会改一次遗嘱，毕竟人与人的感情是会变化的，男人也会变。（笑）

如何对待法事？

上野　我听说，我们老家金泽地区的葬礼习俗最近变得很奇怪。比如有亲戚朋友去世的时候，就要先找出自己家办白事时对方出了多少钱，就连几年前的旧账也都一五一十地记在人情簿上。这一次送出的礼金只要与当时收到的礼金等额就可以了。我真是太惊讶了。

樋口　石川、富山和新潟一带都是这样的。原来您老家也这么封建啊。

上野　所以我逃出来了呀。

樋口　我有一个朋友，出身于富山一带的豪门世家。他告诉我，当地有老人去世时，他们家都会先翻出30年前他曾祖父去世时的人情簿，找出当时这家人的礼金金额，然后转换成当前的市场价，送去等值的礼金数。

上野　这是北陆地区的传统吗？名古屋应该没有这种习俗吧？

樋口　名古屋最有名的是"嫁女儿"，真的非常夸张。我父亲是名古屋人，他平时管我哥哥叫"小子"，小的时候经常听他说"我家小子将来一定要娶个名古屋新娘"。

上野　是名古屋情结吗？

樋口　不是，是因为名古屋新娘的嫁妆非常丰厚。

上野　这样啊。

您对忌日怎么看？过去有"50周年忌日"活动的说法，不过我觉得大部分家庭都不会坚持到50年，就连30周年都够呛吧。

樋口　不过我们家倒是不久前刚为先母操办了"50周

年忌日"活动，因为寺里的大师有这么交代过。

上野　咦，寺里的大师还会交代这个啊？您家是檀家[1]吗？

樋口　那倒也不是，只不过我们家的先祖遗骨都被供奉在东京的一座佛寺中，所以大师才会这么交代。我们也不可能拒绝大师说"不用了，我们不需要"。只能说"好的，那就麻烦大师帮忙安排了，几月几日我们的亲友会有多少人到场"之类的。顺便再布施一点香火钱给他们。

上野　您的女儿将来会为你操办忌日活动吗？

樋口　她肯定不会的。（笑）什么1周年忌日、3周年忌日之类的，我都不需要。只要她定期清理我的墓地就可以了。我女儿说过"我要和我的猫一起举行树葬"，可见每一代人的思想观念都是天差地别的。

1　属于一定寺院而投信施之俗家。——译者注

第三章　在日常事务中，看见自己

>> 工作篇——只有收入稳定，才能做自己想做的事

>> 环境篇——爱护环境是每个人的义务

>> 爱好篇——即使坐轮椅也不要放弃喜欢的事情

>> 宠物篇——善待每一个生命

>> 打扮篇——可以精心打扮，也可以不修边幅

>> 旅行篇——说走就走的旅行值得珍惜

>> 断舍离篇——不如把东西送给有需要的人

>> 观念篇——别让传统观念成为内心的障碍

>> 健康篇——重要的是生命的质量

>> 退休篇——人应该有尊严地生活下去

工作篇——
只有收入稳定，才能做自己想做的事

上野 日本规定了强制退休的年龄，所以即便再留恋职场，终有一天也会等来那句"明天可以不用来了"。虽然如今的法定退休年龄是 65 岁，但很多人到了 65 岁也依旧神采奕奕。不过对于我和您这样的自由职业者来说，就没有退休年龄的限制了。据说我们这种自主选择工作的方式又被称为"零工经济"，是一种符合信息化社会新潮流的新型工作方式。新冠肺炎疫情后，许多人发现在家办公也完全不影响工作效率，于是就会觉得"为什么非要每天去公司呢？""为什么非要赶上下班高峰呢？"在家办公就会衍生出一个新的社会现象——能够继续工作的人，就无须再受退休年龄的限制。那么也就出现了一个新问题："该什么时候停下工作呢？"

樋口　作为一个长期的自由职业者，我很明白其实这并不是我们能够选择的事情，彻底停止工作大概就是没有工作委托我的那一天了吧。

上野　说到这个话题，我想起了桥田寿贺子女士（编剧，1925年生）说过的一句话："如果我不幸在将来患上痴呆症，或是行动不便，我希望能够安乐死。"这句话在当时引起了很大的争论。换言之，她认为如果自己无法接受工作委托，就相当于无法再为社会创造价值了，那么也就没有活着的意义了。

樋口　我能理解她的心情。不过您退休前一直都在大学里工作，想来与我们这些人的想法也是不同的吧。虽然我也曾在大学里工作过将近20年，不过在那之前也经历过一段很长的自由职业时期。桥田女士在30多岁离开松竹公司[1]之后，也一直都是自由职业者。对于我们而言，没有工作无异于彻底被社会遗弃。

---

[1] 日本五大电影公司之一。——译者注

上野　但这个世界上，有太多碌碌无为的人了。

樋口　是啊，绝大部分人都是浑浑噩噩过完一辈子的。

上野　所以，我从来不认为不被社会需要的人就该结束自己的生命。

樋口　对于这种一辈子受人尊重的大才女来说，可能确实接受不了被社会遗弃的现实。不过说真的，她那句话着实让我吃了一惊。

上野　说到对工作的放手，自然就不得不说说精力最旺盛的那段时期了。说实话，我一直没有想过放弃大学里的稳定工作。我在京都的短期大学里工作过10年，在私立大学里工作过4年，后来去了东大。在关西的那段时间，恰好就是日本泡沫经济最严峻的那几年，虽然也有很多人劝我辞职创业，但我没有这么做，因为一旦辞职，我就无法再凭喜好来选择工作了。胸中纵有万千丘壑，怎奈五斗米逼人折腰啊，我见过太多这样的案例了。

樋口　只有收入足够稳定，才有勇气做想做的事。

上野　是的，我发现很多自由职业者，最终反而是一事无成的。只有安稳的工作，才能保证我们一辈子衣食无忧啊。

樋口　我是从54岁起开始进入大学工作的，在39岁到54岁之间一直都从事的是自由职业，在那之前也在几家企业工作过。那段时间恰逢日本企业发展的飞跃期，所以一路走来也得到了不少企业的诸多照拂。比如，我生完孩子后就从时事通信社辞职了，不过依旧在昭和38年[1]，也就是我30岁的那年，成功加入了学研社。幸运的是，那时的日本还处于战后的经济复苏期，压榨女性兼职人员的坏风气尚未在日本企业内出现。所以30岁且初为人母的女性也能成为企业内的正式员工。

上野　您刚才的这段话，真是珍贵的历史见证啊。

樋口　那段日子还挺有意思的。我当时应聘了几家公司，虽然不是每家公司都愿意录用我，不过面试时的问题特别有意思。一开始，我是以临时工的身份去了一家研究所，后来我从一个与

1　1963年。——译者注

我同一天被录取的男同事口中得知，我们可以通过参加人事部的考试转正。于是我向人事部负责人说明了自己希望长期在此工作，并希望参与考试的想法。结果那位负责人却告诉我："你不知道吗？想要成为我们正式员工的女性，都要先签下如果结婚立即辞职的保证书。"那我可就不愿意了。（笑）辞职后，我又去了学研社应聘。笔试虽然通过了，但在部长面试的环节说明了自己已经为人母的事实后，人事部部长告诉我："我们公司有项不成文的规定，那就是女性怀孕4个月之后必须自动辞职，所以我们暂时不会录用有孩子的妈妈，您请回去吧。"幸亏当时的我没有退却，否则就不会有今天了。我觉得这种规定实在是不可理喻，便立即反问道"贵公司是一家面向保育领域的出版社，那么这种将母亲视角排除在外的行为，真的有助于公司的发展吗？关于这个问题，我很想听听您的高见。"结果，我被录用了。

上野　您去工作后，孩子谁来照顾呢？

樋口　我妈妈，我也趁机和她住到了一起。好在她老人家给我搭了把手，我才能安心工作。

上野　要不是外祖母，您这一边带孩子一边工作可就太难了。

想辞职却辞不了的人越来越多了

上野　回到刚才那个话题。对于上班族来说，退休年龄是固定的。但随着自由型工作方式的逐渐盛行，将来可能会有越来越多的人选择自主退休。

我身边有不少医生就因为放不下工作而倍感焦虑。他们很担心自己年纪大了以后会出现误诊或医疗事故。

樋口　所以我觉得强制退休的制度非常合理。要不是不得不退休，估计很多人根本停不下手头的工作。

上野　如果选择自由职业，也只能自行决定退休年纪了。按您刚才的话来说，就是没了委托就意味该退休了是吗？

樋口　我想，是这样的。因为没有委托就意味着不再有人需要我了。不过护理等行业就面临着严重的人手不足问题，如果不聘用那些六七十岁的老人来担任护工，日本的老龄化和护理劳动力不足都将成为严重的社会问题。

上野　护理行业早就已经出现了六七十岁老人的身影。迫于生存，他们不得不努力工作。

樋口　的确，在自身和社会的双重原因下，他们不得不继续工作，而且这种现象可能还会持续很久。没办法，这些行业根本留不住年轻人。

上野　护理行业除了劳动条件过于恶劣之外，退休后的养老金也比其他人低许多。于是就出现了许多您刚刚所说的"贫困奶奶"，想辞职却无法辞职的人也变得越来越多。

我指导的学生曾写过一篇名为"单亲妈妈的晚年期许"的博士论文。针对单亲妈妈的晚年期许进行调查后，得出了"单亲妈妈对晚年没有期许"的结论。那么，她们的晚年过的是怎样的生活呢？都说寒门难出贵子，这些贫穷老太太的子女一般也无力赡养父母，那么这些单亲妈妈也就不得不"工作到倒下的那一刻"。如今，中老年女性是护理行业的主力军，而她们也非常担心没有收入来源之后该如何生活。所以，什么时候停止工作取决于每个人的经济状况。日本应从政治层面彻底解决这一社会难题。

樋口 想要彻底解决这个问题，那可就得下点儿猛药了。例如《超高龄社会应对法》中就规定了国家将征收一定比例的资产税，以保障用于国民福利的资金来源。否则，老年人间的贫富差距就会越来越大，出生率也会逐渐下降。

环境篇——
爱护环境是每个人的义务

上野　您看，您买下这块地后，因为嫌弃原来的房子太破，所以斥巨资改造成了现在的独栋小楼！既然如此，为什么不干脆卖了这房子，搬到生活更方便的公寓里居住呢？我就从独栋小楼搬到公寓住了，还免去了处理垃圾的烦恼，轻松了很多。

樋口　你们公寓对垃圾处理是怎么规定的？

上野　每层楼都设有垃圾回收处，随时都可以丢垃圾。

樋口　那需要对可燃垃圾和不可燃垃圾进行分类吗？

上野　政府规定垃圾必须被分类处理，公寓配置了专业的垃圾处理员，当然是有偿的，已经含在物业费中了。但随时可以丢垃圾太方便了。过去我住的是一栋带土地所有权的三层独栋小楼，住了公寓之后，我再也不想住回独栋小楼了。以前大家住的都是独栋小楼，最麻烦的事情莫过于收快递和扔垃圾了。再说，那种带楼梯的房子早就过时了，我的大腿曾经骨折过，那段时间上下楼实在是太痛苦了。那时还发生过一件很好笑的事情呢，别人问我是怎么摔成这样的，我说"溜冰摔的"，结果人家听成了"楼梯摔的"。（笑）

樋口　以前如果别人问我"你今后打算住哪儿啊？"我一定会回答"不需要垃圾值班[1]的地方"。（笑）但现在垃圾值班表还贴在我家冰箱上呢，还是摆脱不了每年几次、每次两个星期的垃圾值班。

上野　垃圾值班，除了扔垃圾之外，还需要做些什么呢？

樋口　还要挑出不可燃垃圾和那些瓶瓶罐罐，可再生的垃圾就要拿到附近的垃圾回收站里去。最后

1　日本居民需要轮班清理小区垃圾。——译者注

再把垃圾桶放回原处，那可真是个力气活啊。

上野　现在还做吗？

樋口　最近全部都是由我女儿来做的。如果我女儿因为出差或其他原因不在家，我就得双手抱着垃圾桶，踉踉跄跄地来回搬运。好在街坊四邻都特别友善，有时会在我动手前就替我处理好了。所以我每次碰到他们都会低头说声"谢谢"。不过总让别人帮忙也不是个办法，处理好自己家里的垃圾是每个人的义务，如果等我连这个都做不了的时候，就不得不去养老院了。

上野　您都已经重建了这栋房子，所以养老院什么的也就不必考虑了吧。更何况您的女儿也能帮忙处理垃圾啊，说来说去还是得靠家人呀。

樋口　是啊，还是得指望家人啊。如果孤身一人，就只能委托老年人力资源中心（以承包、委任的方式提供临时、短期或者简单服务的非营利组织）来帮忙了。所幸这个中心的所有会员都住在同一个社区，所以工作人员就只要早上来一小时就可以了。不过有些老人甚至已经无法自行联系中心了，那样可就真没办法了。垃圾处理是关乎地区民生的重大问题，所以就算不能亲自处理，也要想办法委托他人处理，如果不处理，那自己的家不就成了垃圾屋了。

上野　不过日本的垃圾回收政策也真是落后，都是大家把垃圾袋随意往外一扔就完事儿了。我在德国住过一段时间，德国的所有家庭都会在门口放一个垃圾箱，这样就不会出现乌鸦乱啄的情况了。

樋口　您这么一说，我倒想起犬养道子女士（评论家，1921—2017）曾在其处女作《千金流浪记》（1958年首次出版）中写过一段关于欧洲国家垃圾处理的文章。那会儿我还在读高中，不过文中的一句话让我一直到现在都记忆犹新——"仅这一点就值得我们纳税"。我觉得里面的话很有道理。

上野　从那时开始就引起了社会的广泛关注。

樋口　嗯，但60年过去了，垃圾回收方式还是没有丝毫改变。

上野　疫情期间，我们依旧可以照常进行垃圾处理，从未出现过垃圾堆积问题，这一点其实很让我感动，甚至可以称得上是奇迹了。

樋口　从前纽约就发生过垃圾处理人员罢工事件。当时我正好去了纽约，看着路旁堆积如山的垃圾，真是恶心到不行了。好在日本从未发生过这种事，即使是独栋小楼，走上两百米也能看到垃圾收集站，在规定时间内扔过去就好了。

上野　疫情期间最让我感动的，就是快递员和垃圾处理人员了。感谢他们一直兢兢业业地工作着。

爱好篇——
即使坐轮椅也不要放弃喜欢的事情

樋口　如果要在美术和音乐之间选择一个，那我一定会毫不犹豫地选择音乐。我年轻时就经常跑去国外听音乐会。

上野　您是歌剧迷吗？

樋口　对呀，但是随着年纪越来越大，旅行这件事就变得有心无力了，想走就走的旅行早就不属于我了。而且收入慢慢减少后，我也就难以承担高额的歌剧票了。后来我加入了歌剧粉丝团，结识了许多志同道合的朋友。每次有国外的著名歌剧团来日本演出，他们就会马上联系我，甚至连票都会帮我买好。和他们一起去看演出时，我们会在中场休息时发表一些自以为是的评价，比如今天的女高音唱得不是太好，但男高音很不错，真的很开心。后来，我的那些朋友们也逐渐上了年纪，自然也无法出国观看演出了。不久后，就连去东京文化馆、三得利音乐厅、NHK音乐厅都成了我们的奢望。就算能去，也只能坐在厕所旁边的位子上，这还怎么能静下心欣赏呢？10年前那会儿，可不像现在这样能穿一条600克容量的尿不湿出门。一幕歌剧都是将近一个小时的，要是就连一个小时也坐不住，那就没有和朋友一起观剧的乐趣了。

上野 现在的护理用品，可太方便了。

樋口 是啊。所以去年英国皇家歌剧院来日本公演《浮士德》时，我就成功地独自一人看完了全场。我身边的那些工作人员都说"趁着能去，赶紧多出门"，然后一个个迫不及待似的送我出了门。

上野 您身边都是些善良的孩子！

樋口 但是毕竟上了年纪，去的时候还算顺利，但回来的时候可就麻烦了。虽然这个故事有些偏离了我们今天的话题，但我还是想说完。要是没能赶在乐队指挥住手前离开座位，那些一边高呼着"太精彩了",一边起身激动鼓掌的观众,就会把整个音乐厅堵得严严实实,根本走不出去。接着,就要加入如长蛇般的队伍中,和所有人一起痴痴地等待出租车。要是那样,估计还没等到回来,我就已经晕倒了。那天我拖着孱弱的身体走到了出口,但是因为前方道路正在施工,所以我也不知道该到哪里等出租车。接着我看到一个约莫是工地现场主管的人,便问他:"我在这里能等到出租车吗?"他告诉我"这里没有封路,应该能等到的"。不久后,剧场里的观众就一下子涌了出来,所有人都不知道该在哪里等出租车,当时的场面一度十分混乱。最后还是那位主管大声帮忙喊了一句:"这个老奶奶是第一个到的。"说实话,87年来我还是第一次被人称呼"老奶奶"呢。(笑)

上野 有没有觉得很受打击?

樋口 完全没有。因为说"这个老奶奶"的那位主管真是太善良了。虽然周围也有一些自认为是第一个来的人不停地抱怨着。不过我还是在"这个老奶奶很早就在这里等车了""这个老奶奶是最早来的"的支援声中首先坐上了出租车。我甚至还听到不知是谁说了声"这个老奶奶可是个非常有名的人哦"，上车之后也有很多人不断地向我挥手致意。我能感受到周围人的善意，这其实是一件非常幸福的事情。之所以会这么想，大概是因为我也是时候放下兴趣了吧。

上野　这个世界上有两种人，一种是热爱兴趣本身的人，另一种是热爱因兴趣而构筑起人际关系的人。从前的我总是独来独往，不怎么参加集体活动，就连滑雪也可以一个人去，因为我觉得那样的人生真是太惬意了！不过最近也开始和男性朋友一起去了。当然，男性朋友会安排好一切事宜的。（笑）

樋口　说起来，我曾在剧院门口偶然遇见您一次，当时推着一个坐轮椅的男人。我觉得您可太伟大了。

上野　被您看到了啊？（笑）当时我一直在鼓励他"即使坐轮椅也不要放弃喜欢的事情"。于是把他带出来了。不得不说，尿不湿可真是一项伟大的发明，成功地将我们放下兴趣的时间推迟了好多年。

宠物篇——
善待每一个生命

樋口 如果算上翻新之前的时间,我在这栋房子里已经住了快 50 年。其间一直都养猫,加上去年开始养的猫宝宝,现在家里一共生活着三只小猫。我女儿曾发誓一定会照顾好那些猫。比如老猫离世前,她会把猫抱在怀里,让它安详地死去。她说就算将来住进养老院,也要选择那些允许携带宠物入住的养老院。说起来,最近已经出现了可以带着猫猫狗狗一起入住的养老院。

上野 您家有三只小猫啊?

樋口 是的,最新的成员是去年开始养的一只灰猫,我给它起名为"小老鼠",这是一只体重超过 8 公斤,从鼻尖到尾巴长达一米多的小魔头。它会自己开门,食量很大,还会随地大小便。

刚来我家的时候，我女儿一度想把它送回去。但是那种大饭量、随地大小便的小猫一旦被送回去，后果也是可想而知的了。所以当时我将"小老鼠"紧紧护在怀中，并告诉我女儿想要送它走，那就把我这个老太太一起送走好了。不过话说回来了，铲屎这件事一直都是我女儿在做，我一次都没有碰过，所以她也挺辛苦的。后来那只"小老鼠"就成了我的宠物。

上野　您养的小猫去世后，都有自己的墓地吗？

樋口　除了一只火葬的之外，其他的小猫都是由我老伴埋在院子里的。哦，有一只例外，我养过一只叫"团子"的小猫，每天都跟警卫员似的守着大门，14岁那年死了以后，是我女儿负责掩埋的。

上野　以我现在的年纪，即使想领养只护卫狗或是护卫猫也不会得到批准了，因为我们可能会比宠物更早离开人世。我小的时候，家里一直都有宠物陪伴，所以我很希望老了以后也能和小狗一起住在带院子的房子里。所以每次一想到就连这个小小的愿望也实现不了，就会觉得自己真可怜。

我也想过和别人共同喂养这件事，就是我先领养一只导盲犬幼崽，然后等它一岁的时候再送给其他人养。但我听说所有人和宠物分别时都是泪流满面、依依不舍，真是闻者伤心啊。虽然也可以领养退役的导盲犬，但以我的年纪来说，还是太难了。

樋口 我现在的精力也养不了导盲犬了。老伴生前跟我说过，等我们都退休了，就去领养一只光荣退役的导盲犬，让它一直陪伴我们。可是导盲犬还没来呢，他先去了，这个计划自然也就泡汤了。

但是对于独居老人来说，虽然有了宠物的陪伴会觉得更开心，可是一旦主人去世，那些宠物基本上就只能被送去保健所了，真可怜。所以，我决定在经济承受范围内捐出一部分钱。比如，从遗产中抽出10万日元或者100万日元捐给动物保护组织。希望将因主人去世而无家可归的宠物送进"老狗猫之家"之类的组织。

上野 那咱们的想法一样，我也想等老了以后这么

做，不过我可不会老。(笑)

樋口　不可能的。如果要领养宠物，您现在住的八岳[1]家里就要雇个用人了。

上野　其实我有那个打算。只不过要是定居在山里倒是好办，可我偶尔要去东京，有时还要出国，也是个居无定所的人。

1　八岳是指横亘在日本关东地区西侧的山梨县与长野县之间的火山群，最高峰海拔2899米，是日本著名的旅游胜地之一。——译者注

打扮篇——🦋
可以精心打扮，也可以不修边幅

樋口　您的发色可真好看呀！

上野　我不太想染黑色，但又不喜欢金色，所以干脆就染成了红色，不过我很纠结，不知道自己该染到什么时候去。

樋口　一旦生病就不能再染了吧。虽然我现在也染了头发，不过我想，要是哪天病倒住院了，就不能再染下去了吧。

　　　说到这个，倒让我想起了加藤静枝女士（妇女解放运动先驱，1897—2001）。印象中的加藤女士一直都是一头黝黑的秀发。但在她95岁因骨折入院的3个月里，因为无法染发，就变成了一位满头银发的老太太。不过好在她向来风姿绰约，所以即便满头银发也别有一番韵味。有件事我记得很牢，当我问她骨折的原因时，她说是因为在屋里摔倒了，一开始我还以为是被榻榻米绊倒了，结果她告诉我："站得好好的，不知怎么就突然双腿一软，倒了下去。"当时我才60多岁，觉得这听起来太不可思议了，便追问道："您是说，站得好好的，突然就摔了？还有这种事呢？"加藤女士回答道："到了我这个年纪就有了。"虽然我也不是没有见过60多岁就进入"踉跄无力期"的人，但那个时候，我还完全没有意识到自己的将来也会变成这个样子。

上野 加藤静枝女士的女儿加藤泷女士（组织召集者、难民救济协会副会长，1954年生）很早就是花白的发色了，据说她去国外出差的时候，还曾被不认识的美国人夸"好漂亮的挑染"呢。当然，对此她也没有过多地解释，将错就错也不错啊。

不过我早就树立了"红发的千鹤子小姐"的固定形象，所以一直都在染与不染之间举棋不定。好在疫情期间也不怎么出门，一个人待在家里的时候也没必要化妆了，内衣也不用穿了，随便套件优衣库的衣服就可以了，说起来还真是轻松自在极了。因为今天要来拜访您，我才久违地去了一趟美容院，然后戴上了这些漂亮的小饰品。最近的会议都是在ZOOM（在线会议应用）上开的。我的朋友们也给我出了很多好点子，比如在屏幕前放一张白纸，就能让自己的脸色看起来更明亮一些，类似于反光板的效果吧。不过我倒觉得，那不如把ZOOM的画质调模糊一些好了。（笑）而且线上会议，胸部以下是不会出镜的，所以随便穿件T恤就足够了。

樋口 我也为了见您才特意去了趟美容院。

上野 最近，我重新思考了关于打扮的问题，其实如果不在意别人的目光，不打扮也无妨啊。不是经常会有那种去养老院里给奶奶们化妆的活动吗？但我就很不喜欢这种活动。

樋口 为什么呢？我们的会员里就有不少从事美容相关行业的人，她们经常帮大家化妆，我们都觉得这是很开心的一件事啊，感觉自己的生活也变得更加多彩了！

上野　您喜欢化妆吗？

樋口　卸妆太麻烦了，所以还是算了吧。

上野　对吧？化了妆后，晚上就要卸妆，皮肤还会变得粗糙，您说这多烦人呐。其实您喜欢的并不是化妆这件事，而是别人帮您化妆吧。

樋口　对呀，我能理解温暖的接触会让人感到多开心。

上野　很多人都觉得出社会后就应该学会化妆了，实际上是否化妆应该视需求而定。就像不是每个女人都会穿高跟鞋的。如果像现在这样全靠ZOOM来交流，我们买那么多饰品和衣服不就完全没有必要了吗？我现在住在八岳的山庄里，真是每天都是同一副打扮。

樋口　外出的时候我也会尽量装扮好自己，不过要是在家里嘛……

前段时间，《明日之友》来采访我的时候，问我夏天在家一般怎么穿，我告诉他们"不做无谓的抵抗，能不穿就不穿"。下半身就穿一条短裤，上半身里面不穿内衣，直接套上一件20多年前花了大价钱买来的外套。那件外套虽然只有一层，但一点也不透，如果有客人上门，只要再带上一条长项链就能蒙混过关了。

上野　果然打扮都是为了让别人看啊。

旅行篇——
说走就走的旅行值得珍惜

樋口　我已经决定不再出国旅行了。以我现在的体力来说，国内还勉强能走走，到了国外，要是没人陪在身边照顾，说不定就会遇到什么危险。

上野　我看有些残障人士，居然躺在担架上出国呢。如果您愿意，也可以这么做的。

樋口　我可受不了海关的长队。

上野　排队的时候可以改用轮椅。所以只要有轮椅或担架，您就可以去世界上的任何地方旅行。

樋口　就是不知道有没有那种勇气啊。不如您召集一次夕阳红轮椅之旅啊，我一定会报名的。

上野　那可能要让您失望了，虽然我也想这么做，但我实在无法接受集体旅行这件事。而且我最近已经不去那些和日本有时差的地方了，年纪大了，倒时差可就成了一件痛苦的事。所以现在但凡出国旅游,都是抱着"这是最后一次了"的心情贪婪地欣赏当地的风景。

樋口　您还早呢,80岁之前完全可以说走就走。我要是像您一样年轻,我也能自由地到处旅行。我的最后一场国外旅行是北欧,那会儿已经80岁零几个月了。去北欧那次,我是和许多老人一起去的,只不过大都是70多岁的老头老太太,上了80岁的只有我一个。与70多岁的那些旅伴相比,我的行动显然迟缓了很多。说实话,年纪大了以后真是给周围人添了很多麻烦,所以那一次后,我就不再出门旅行了。

上野　要是坐轮椅去呢?

樋口　如果真有机会坐轮椅去旅行,我还是愿意去的,不过正常的旅行是去不了了。想想就觉得很凄凉,毕竟我还是很喜欢出国旅行的。

上野　是啊。过去我去纽约等地方旅行,总是说走就走,甚至连个规划都不做,就像只是到隔壁镇玩一趟而已。现在不一样了,出发之前要做好各种准备,细致得就连自己都不敢相信。我以前可从没想过自己也有这么一天啊。

断舍离篇——
不如把东西送给有需要的人

上野　您现在还会断舍离吗？

樋口　不会了。

上野　我也不会了，但您是出于什么原因呢？

樋口　因为我很忙。

上野　居然是这个原因？年纪大了以后就会有很多时间了，可见您还没老。

樋口　等我有空的时候，估计就没精力做了。断舍离也需要体力的，不是吗？

上野　所以很多书上都劝我们，要趁着精神尚可，积极做好断舍离。

樋口　重建这栋房子的时候，我扔掉了很多书，真是把我给心疼得不行。所以我认为自己不会再愿意断舍离了。同时也可以节约下断舍离所需的花费。

上野　我和您一样，也不喜欢断舍离。我已经向一位挚友交代了自己的后事，也交代好了哪些东西应该怎么处理，剩下的就随便怎么处理了，当废品处理掉也没关系。

樋口　我不像您这么会打扮自己，不过毕竟活了这么长时间，饰品、围巾什么的还是攒了不少，虽然都是些不好不差的普通物品，但怎么处理它们也是个令我头疼的问题。我正在考虑成立一个樋口惠子遗物分配委员会，先把我女儿想要的东西挑出来，剩下的就交给委员会分配。我想无论拿到的是多么小的一件东西，大家都会觉得很开心吧，肯定会比我的葬礼更热闹。（笑）但我有一个条件，就是我拿出去的东西必须全部找到新的主人。毕竟要是被剩下来，可就难办了。

上野　我的女性朋友可是丝毫不客气的，每次看到我穿一身漂亮的衣服，她们就会对我说"不错不错，（反正将来也是我的）就先让你用一段时间吧"之类的话。（笑）然后我也会微笑地说："行啊，那这些就作为我的遗物吧。"身边的每个人喜欢我的哪样东西，这些我心里都有数，所以我正考虑列一份遗赠清单，写明每件遗产的赠予对象。

为了给 WAN 筹集经费，有时我们也会举办拍卖会，所有成员都会带着自己喜欢的东西来参加。我是拍卖师，所以我就负责大喊："还有人要加价吗"来不停地抬高价格。多试几次你就会发现，女性在拍卖会上的加价幅度都是非常小的，比如一件 1000 日元起拍的东西，她们会先加价到 1050 日元或者 1051 日元。为什么不多加点价啊？（笑）真是的。其实我们的遗物也可以用拍卖的形式找到新的主人，然后把拍卖所得全部捐献给慈善机构。

樋口　财产只有在转移后才能产生新的价值。这样一来，我们就可以把钱捐给需要的人，让这个社会变得更美好。

上野　是的，一个这方面的前辈教会了我一个词："借花献佛"，说得太棒了。说起来，每个人的穿衣风格和尺码都各不相同，相比之下，围巾和饰品更适合用于拍卖哦。

樋口　您的这条围巾就很漂亮啊。

上野　没问题,我会拿来拍卖的。(笑)

樋口　要是流拍,不如就送给我吧?

上野　怎么?您是打算走在我后头吗?(笑)

观念篇——
别让传统观念成为内心的障碍

樋口 前些日子,一位理疗师问我:"您是不是不愿意接受护理?"当时我并没有给出明确的答复,只是暧昧地说道:"可能每个人的想法都不一样吧。"说完又补充道:"如果合我眼缘的,倒是可以试试看。"回来后我又反复琢磨了一番,如果现在再被问到同样的问题,我就会明确地回答:"是的,我不愿意接受。"即便护理我的人诚心诚意地照顾我,我也觉得跨越不了自己内心的障碍。

因为我从小就不怎么需要照顾,只有尿床的时候才需要大人帮忙。无论哪个国家,孩子接受的第一项训练都是独立上厕所,所以平时就不怎么伺候孩子的父母,看到孩子尿床就会打屁股。尤其是我们女人的羞耻心更强,从小就被教育不要讨论下体，不能让别人看到我们上厕所的样子。可即使如此，女人在分娩时也会抛开所有的羞耻，浑身赤裸地暴露在医生面前，忍受所有的屈辱。母亲真是太伟大了。我只有一次分娩经历，但我认为这就足够了。

插一句题外话，我生孩子是在大约 60 年前吧，那时的妇产科可不像现在这么保护产妇的隐私。当时，隔壁床的一位孕妇被医生要求打开双腿检查宫口。那个场景我直到今天依旧历历在目，可是那个孕妇因为害羞，不管护士怎么鼓励，都不愿意张开双腿。然后旁边的男医生就不耐烦了，非常生气地吼了一声："那你自己生吧。你不张开腿，医生怎么给你检查？"我虽然不像她那么保守，但非常能够理解她当时的那种心情。每个女人从出生起就被灌输了严格的贞洁思想，绝对不能暴露或让别人看到自己的下体。

上野 可是再贞洁的女人，在丈夫面前也会张开双腿啊。我真是不能理解，怀孕的人肯定都有过性行为对吧？为什么还那么在乎这个问题呢？

樋口　虽然贞洁的女人可以对着丈夫张开双腿，却不会愿意在陌生人或是妇产科医生面前张开双腿。

上野　又不是打算和妇产科医生发生关系。果然您和我的想法还是不一样。

樋口　这就要回到排泄的问题了。使用尿不湿，就意味着已经无法独立上厕所了。比如一个老人在儿媳妇和医生的协助下穿上了尿不湿，并被要求直接拉在里面，但老人可能也不会愿意让儿媳妇来替自己更换尿不湿。但每个人都有这一天，或许在不久的将来，我也只能委托别人来做这项肮脏的事情了。说实话，我真的很排斥。如果真有那一天，我一定会告诉照顾我的人，很抱歉给她添了麻烦。

上野　在这一点上我和您还是有思想差异的，性意识方面也是如此。那么您生孩子的时候，希望丈夫一起进产房吗？

樋口　要是他在家，我还是希望他能陪在我身边。只不过他当时正好出差了，所以我只能一个人生了。

上野　我想问的不是他在不在家,而是您是否希望他在。如果您希望他陪在身边,完全可以阻止他出差啊。最近的新爸爸们不也可以休产假了吗?说到羞耻心这个问题,在日本推出护理保险之前,几乎所有人都觉得做母亲的不能让儿子帮忙换尿布,做儿子的绝对不能给母亲换尿布,对于这件事,您是怎么看的呢?

樋口　我没有儿子,所以不太清楚这一点。但如果用过去的眼光看这件事,我觉得应该也是正常的。

上野　甚至有学术论文指出,最不愿意照顾对方和最不愿意被对方照顾的组合恰恰就是母子。那篇论文最后基于调查数据得出了一个结论:"男人是不会照顾人的。"我很想说,这都什么研究成果呀?

　　　我觉得,如果因为其他人可以做,就说"我不想让你做"或"我不想做",那就是非常单纯的"懒得做"。我有一个朋友,从小就和母亲相依为命,他母亲因为中风而卧床不起后,就是他一直在帮忙换尿不湿。我也问过他是否抗拒这件事，他当时的回答是"我可不能这么想，再说了，做久了也就习惯了"。当然应该是这样啊。

樋口　我觉得还是父权制下的陋习吧。从来没有人歌颂过孝女或孝媳，被载入史册的从来就只有大孝子。江户时代的人均寿命极短，很多父母来不及等儿子娶妻就已经生活不能自理了，所以儿子会把父母背在背上，也会替父母换尿布。

上野　所以所谓的不能做，只是因为可以不用做而已。归根结底，所有的羞耻心都是后天习得的，是为了给自己找个合理的借口罢了。感觉这种东西本来就可以随心所欲地改变。

平时我也常与残疾人打交道，所以向来都觉得"生活不能自理绝对不是必须死去的理由"。那些残疾人不是都活得好好的吗？我相信每个人都有羞耻心，尤其是后天性的残疾人更是会觉得无法接受、羞耻，但这并不意味着他们就不配再活在这个世界上了。

樋口　我倒也没想过要去死之类的。

护理人员的感受

上野　方才您提到,曾被一位理疗师问道"是不是不愿意接受护理",不过理疗师毕竟是以此为生的,要是问他们愿不愿意无偿做,那结果就完全不一样了。我可不认为护理人员是出于兴趣而从事这份工作的。多少还是会有些嫌弃的吧。

樋口　我觉得,只要他们能说出"我很愿意做,并且会认真做"这句话,就已经足够专业了,我尊重并感谢他们的付出。当然,我也会请他们理解,我需要别人的护理也并非我所愿,实在是迫于无奈。

上野　这个我明白。谁也不会无缘无故找个人来伺候自己。

樋口　残疾人也一样。

上野　很多老人都非常不尊重护理人员,最近我看了一篇关于卧床老太太和护理人员对话的文章。那个老太太在护理人员为她换尿布的时候说:

"我可不能让我的子孙做这种肮脏的事情。"

樋口　这老太太可真蠢！从某种程度上说，护理人员是减轻了我女儿和外孙的压力，我当然应该对人家说一声谢谢。

下体是人类最基本的尊严，是他们为我们捍卫了尊严，他们理应被全社会所善待。

上野　新冠肺炎疫情突发后，最让我不满的一件事，就是厚生劳动省在应对医疗、护理劳动力短缺问题上所采取的措施。他们试图让退休的护士和保健师重新回到岗位，空缺出来的护理岗位，则准备找一些无证人员顶上。这个做法充分说明了，这项政策的制定者认为护理是一项任何女性都能轻松上手的非熟练型劳动。这真是让我觉得忍无可忍。

樋口　正是如此，所以"让老龄化社会更美好之妇女会"就计划在今年秋天，针对社会基本工作者的地位和待遇的提升问题提出一些倡议。

上野　最简单的方法就是提高护理单价，但如果还是目前的做法，想必是很难实现这一点的。

樋口　怎么才能做到快速增加预算呢？

上野　除了提高消费税率、增加国民负担率外，应该别无办法了吧。最好也别再从美国购买过时的武器了。确保国内资源充足后，就能提高护理的单价了。当然，护理的内容也要进行调整。可以将目前的身体护理和生活援助合二为一，在此基础上将单价调整为3000日元左右。

樋口　看护人员工会终于在最近成立了，我觉得全日本人民都要积极支持类似的活动，社会也应给予基础工作者以更多的回报。

上野　我在一次面向职业护理人员举办的讲座上曾说过："不要指望你的服务对象主动要求改善你们的待遇。"如果自己不大胆提要求，就永远不会改变现状。事实上，为了应对新冠肺炎疫情，厚生劳动省出台了一项临时措施，允许为上门护理以及机构内短期护理的从业者发放补贴。虽然是为了应对大环境而制定的权宜之计，但这显然造成了使用者与服务企业之间的矛盾。

樋口　真是任重而道远啊。是否讨厌被其他人照顾呢？这个问题可太难回答了。

健康篇——
重要的是生命的质量

樋口 最近的"三密"[1]风波或许让很多人改变了想法。一项著名调查（东京医科齿科大学，谷友香子等研究员于2017年进行的调查）的结果显示，与家人同住但独自进食的男性的死亡风险，比与家人同住且一起吃饭的男性高出1.5倍。但疫情出现后，立即就出现了反方论点。数据显示，独自进食的死亡风险远比感染新冠低得多。

上野 这里也需要考虑性别差异。单身男性的寿命不长，但单身女性却一般都很长寿啊。因为没什么压力。

樋口 我觉得这种情况在不久后可能就会发生变化

---

1 密闭、密集、密接。——译者注

了。一直以来，人们都认为单身女性的晚年会过得更加幸福，因为不仅自己会做家务，在职场之外也有许多社交。包括我自己也一直都是这么认为的。但实际上就健康寿命（能够生活自理的时期）而言，男性约比平均寿命短9岁，而女性则短了约12岁……

上野　我认为恰恰相反。健康寿命长并不意味着衰弱期就一定会相应缩短，也许衰弱期也与健康寿命一样有所延长呢？厚生劳动省的平均寿命和健康寿命之间的差异，只是证明了衰弱的人依旧可以活到平均寿命而已。男人衰弱后很快就不行了，但女人衰弱后依旧可以活很久。这不是很好吗？

樋口　当然也可以这么解释，但女性衰弱期时间更长这件事，想想还是挺悲哀的。所以为了让自己能够顺利地度过这漫长的衰弱期，女性就应该积极提出需求。

上野　是的。也正因如此，国家出台了对需看护资格的认证，同时也制定了看护保险。

樋口　换句话说，我要做好迎接漫长衰弱期的准备了。

上野　那么，您觉得通过努力可以延长健康寿命吗？

樋口　我觉得可以。

上野　那您觉得延长健康寿命后，就会缩短衰弱期了吗？寿命的终点并不是固定的，通过努力延长健康寿命后，我们的身体素质就会得到提升，也许就会同时延长衰弱期了。我觉得，现在那些讨论衰弱期的人都是基于平均寿命这个恒定的数值在做单纯的减法而已。但这并不是正确的思路。

樋口　这么说倒也有道理，不过为何男女之间的差异这么大呢？

上野　因为女性即使身体衰弱，一样也能顽强地活下去。

樋口　既然如此，那为什么不精神抖擞地活着呢？

上野　但所有人在生命的最后阶段都会变得衰弱啊，这是不可违背的自然规律。

樋口　我觉得我们俩的思维差异可能还是源于年纪差异。在对这个问题的看法上尤为明显。我已经进入衰弱期了，说实话我非常讨厌现在的生活状态。即使不可避免，我也想尽可能地推迟这个阶段的到来。

上野　可是，延长健康寿命后，衰弱期也会相应延长哦。当然，我也希望自己能够多过几年健康的生活，但我知道自己迟早也是要进入衰弱期的。

樋口　这个我明白。正如死亡是不可避免的，衰弱也是如此。我也认为自己能够在衰弱的状态下继续活着。只不过，我不认为衰弱的时间长是件幸福的事情。

上野　幸福与否都非我们的意愿能够掌控的，所以我们也只能接受。

樋口　所以我希望缩短这个时间。

上野　那您觉得如何才能缩短呢？

樋口　我们可以先分析一下男女在社会方面的差异，例如现在50多岁、60多岁和70多岁的这群人，最主要的差异就在于社会参与，简单来说就是工作……从50多岁人群身上就能体现出这种差异了，60多岁及70多岁人群身上的差异更是翻了一倍。这个群体的男性大都还在工作，但女性则基本上都待在家里。我也不知道是因为要带孙子，还是因为没有公司愿意雇用她们的缘故。我是个"工作狂"，所以很希望能够延长中老年女性的工作时间。与其任由"贫困奶奶"群体的数量不断增加，为什么就不能解决50岁到70多岁人群的合理就业问题，消除所有的不合理和不平等问题呢？为女性提供工作的机会，就相当于提升了女性的社会参与度，也就有助于延长女性的健康寿命了吧？

上野　不好意思，工作与社会参与是截然不同的两件事。虽然跟您说这话着实有些班门弄斧，但您想，无论您多么热爱自己的工作，65岁一到，就会被要求退休了。就我遇见过的案例而言，职场上的男性一旦从岗位上退下来，所有的社交关系也就随之结束了，这就是他们的社交方式。但女性则不然，如您所见，许多女性都在工作之外参与了大量的社会活动。换言之，退休后的男性大部分都宅在家里什么也不做，而女性则依旧很愿意出门。

樋口　我觉得，我们不能再用这种老观念来看待这个问题了。例如，真正开始参加家庭科男女共修的，是如今的40多岁一代人，再往前的一代人则是在初中接受了技术、家庭科的男女共修，在高中接受了家庭科的男女共修。这一代人长大后，男人推着婴儿车在大街上走的场景便成了家常便饭。过去的这15年中，男性参与育儿的情况发生了很大的变化。

上野　的确是有了变化。只不过我不认为根本原因在于家庭科共修。

樋口　确实不单单是家庭科的原因所致，制度的改变会引起意识的改变，意识的改变会引起行为的改变。所以我们完全有理由相信，现在的30多岁和40多岁这一代男性的意识，一定会发生很大的变化。同理，人们对职场的观念也应有所变化，既然女性普遍来说更加长寿，那就应该想办法让女性多工作几年啊。

我们这一代人在就业方面曾饱受歧视，更能理解工作对于每个人的生活而言都有着不同寻常的意义。

上野　我100%赞同您的这个观点，但我们现在谈论的是为何男性健康寿命长的问题。您认为是因为男性有就业的经验，因此健康寿命也相对较长。但我并不认为这两者之间有什么关系。

樋口　但我还是认为就业有助于维持身体健康，比如公司会组织定期体检啊。

上野　相较于健康寿命方面的性别差异，我认为衰弱期的性别差异数据更能说明问题，即男性在进入衰弱期后的寿命普遍不会太长。

樋口　那么，是什么力量支撑着我们进入衰弱期后依旧能够活下来呢？我觉得如果是"老奶奶的力量"，那就应该好好想想究竟什么才是"老奶奶的力量"了。

上野　对于男女的平均寿命差，发达国家做出的解释是"男性的压力更大"。换言之，男性在工作及社会生活等方面的压力要比女性大得多，所以寿命也就相应变短了。一项预测数据显示，若女性也与男性一样参加工作，平均寿命的性别差距就可能会缩小。

樋口　这一点我能理解，我年轻时的工作压力远比男性更大，但我依然认为自己能活到现在完全是因为自己曾经工作过。也有人认为家庭主妇要比职业女性轻松许多,但我觉得每个人的情况都不一样。

上野　这些数据都是平均值,当然无法涵盖所有的个体差异。以发展中国家为例,大多数发展中国家的男性寿命都比较长,而女性则因为工作强度和压力过大而导致寿命较短。所以我觉得,能够让老人在衰弱的状态下也能长寿的社会,一定是一个美好的社会。

樋口　关于健康和长寿的话题,还真是说都说不完呢。社会正在不断地发生变化,经过家庭科男女共修的改变后,男性也主动承担起了育儿的任务,那么退休返聘并工作到65岁的女性们,能够多获得几年的健康寿命呢?其实这是我最感兴趣的地方。我觉得即便是现在这个社会,能提供给女性的工作机会依旧还是太少了。

退休篇——
人应该有尊严地生活下去

樋口 我认为这也可能算是一个社会问题吧。您听说过被称为"战后日本社会福利开创者"的一番濑康子女士（社会福利学者，1927—2012）吗？

上野 当然听说过啊，只不过一直没有机会见到她。

樋口 对于我来说，她是一位非常值得尊敬的前辈，她教会了我很多。就在我们创立"让老龄化社会更美好之妇女会"时，她也鼓励我们道："这是一个优秀的协会"，还曾经来为我们做过演讲。后来她因为中风而长期卧床，一直到去世为止，她在床上度过了大约10年的光阴。其间，她谢绝了所有的亲戚、同学的拜访。所以在那以后，我再也没有见过她。有些人在卧床后，就会谢绝一切社交。

上野 听完您的这个故事后，我倒是想起了三木睦子女士（社会活动家，1917—2012）。我们曾经想拜托三木女士出席我们的某一场活动，却被告知她那段时间不见外人，据说是因为患上了痴呆症。于是她就决定不再出现在公众的视野之中，慢慢地从社会退出了。几年后，我听到了讣告。似乎许多名人都会在生命终结之前先终结一切社交。

樋口　是的，很多人都是这样。

上野　对此，您怎么看？

樋口　我觉得无法理解。跟您聊着聊着，我又想起了另一个类似的故事。我一直觉得这个故事的主人公堪称东京第一女性政治家。某天，这位女士倒下了。因为我和她的关系一直都很好，便提出想去看看她，结果被她的家人婉拒了。

上野　当时您认为她的家人是出于什么原因拒绝的？

樋口　肯定是不想让人看到她现在这种生活不能自理的模样吧。我能理解她亲人的感受。我不知道，如果有那么一天，我的女儿会怎么对外说明。但我会事先告诉她，如果我愿意，就让我见见对方。

上野　说起来，长谷川和夫先生在对外（制作了长谷川痴呆量表的痴呆症专家，1929年生）宣布自己身患痴呆症后，依旧愿意出现在公众的视野中，鹤见和子女士虽然因脑梗而半身不遂，也愿意在生命的最后一刻拍摄视频与众人道别。

樋口　鹤见女士真是一个非常伟大的人，她在卧床之后还写了一些短歌。

我前面提到的那位前辈，后来就收到了她的遗稿集。我读了以后，被感动得热泪盈眶。其中有一篇文章写的是她从前与丈夫一起去北欧旅游时的见闻。她看到当地的高龄老人们坐在由政府出资建造的设施中开心地聊天时，感到十分羡慕："这才是最理想的晚年生活啊。我希望日本社会也能给那些逐渐被剥夺自由的老年人以更多的关照，让他们能够不被社会所遗弃，能够不必遮遮掩掩而长久地生活下去。"就在她患上脑梗的不久之前，还在因这样美好的画面而感慨不已。这让我非常感动。"透明和长久"真的太重要了。

上野　但是很可惜,哪怕她都在书里这样写了,她的家人也依旧将她与社会隔绝了起来。

樋口　据说她的丈夫很疼爱她,他们堪称模范夫妻。

上野　那能叫爱吗?把憔悴的妻子藏得严严实实的,不让别人看到,这能算是爱吗……

樋口　她的丈夫也已经去世了,现在是打听不到他当时的想法了。

上野　在过去的那个年代,家里如果出现患有痴呆症的老人,都是要对外保密的。哪怕是因脑梗而卧床不起的老人,也只能被关在屋子里,不让其他任何人进来探望。在护理保险出台之前,这些老人是没有机会见到外人的。

樋口　很难想象一个老人会被家人关得如此严实。但话又说回来,这些老人也没有能力表达自己意见了吧。

上野　是啊。除了老年人之外,LGBT(性少数群体的总称)和性暴力受害者问题的逐渐浮现,也让社会发生了很大的变化。其实我挺不能理解的,为什么要藏着掖着呢?

樋口　之所以会藏着掖着，其实还是占有欲在作祟。这里所说的占有欲，其实就是控制欲。虽然说家人无疑是最重要的，但许多家人却也借着"个人信息"之名，贸然替本人做出决定。我正考虑在自己生前指示书中交代好"即使我卧床不起，也愿意接受他人的探望"。我觉得，"老"和"死"都应该包含在"家庭"和"血缘关系"之中，这与人的社会性质毫无关系。

家人重于本人的日本

樋口　加藤静枝女士人生的最后 4 年是在医院里度过的，每年一到生日，很多人都会到她的病房里陪她。因为她的女儿总说"只要有人来看我妈妈，她都会很高兴的"。但她会先拜托我们不拍照，也不对外透露任何关于探望的事情。那句"我妈妈会很高兴的"真的打动了我。

上野　那时候，您一定希望将来您的女儿也会这么做吧？

樋口　是啊。我希望她能在我想见朋友的时候听从我的意愿。虽然子女可能都不愿意让外人看到自己母亲的窘态，不过对于想见的人，我还是很希望能再次见到的。

上野　有想见的人，但也有不想见的人吧。

樋口　那就列个清单，写明谢绝入内人员清单。（笑）能在那段时间经常到加藤女士的病房里探望她，其实我一直觉得这是件很荣幸的事情，我相信加藤女士当时一定也很高兴。所以我一直都有一个疑问，人在临终前，究竟是否应该将关于自己的一切决定权都交给家人？不过这些言论在家人看来，或许都是局外人不负责任的发言吧。毕竟对于日本人来说，家人总是比本人重要许多。

上野　古人的寿命很短，许多人在壮年就已病故。如今随处可见高寿老人，人们不得不接受从壮年走向衰弱的现实。不愿意让外人看到父母衰老的模样，在我看来，实际上就是不愿意接受年老的父母。但每个人都会老的不是吗？

第四章　在家庭生活中，看见自己

>> 饮食篇——做饭不应是女人一辈子的义务

　　惠子小锦囊——外卖品鉴大会

>> 藏书篇——宝贵的资料可以用另一种方式储存

　　千鹤子小锦囊——期刊是见证时代变迁的重要资料

>> 节食篇——规律饮食比控制饮食更重要

>> 养老篇——居家和住养老院的两难抉择

　　千鹤子小锦囊——做好在家孤独离开的准备

饮食篇——
做饭不应是女人一辈子的义务

樋口　我曾在自己的文章中提到过很多次，每个女人都有自己的"烹饪退休年龄"。我在84岁那一年尤其深刻体会到了这一点，那年我因为重建这栋房子而成了重度贫血患者。

上野　为什么会这样呢？

樋口　简单来说就是营养不良所致。我管这种情况叫"中产阶级独居空虚型营养不良"。（笑）其实早在好几年前，我就意识到自己的饮食过于单一。过去因为演讲等工作而经常在外用餐，不过从85岁开始，我就基本都在家里吃了。现在老年人力资源中心的人每周都会来我这里两次，所以我也要邀请他们留下吃完饭再走。除此之外的其他时间，我基本都是一个人在家，很多时候随便抓块面包、喝杯牛奶，就算应付了一顿了。我也算是个中产阶级人士，所以冰箱里从来不缺可以填饱肚子的食物，比如酸奶、果汁、火腿和冷冻食品等。但年纪大了以后，就基本不会出现饥饿感了。所以说"现如今想体验个空腹感都不容易了"。（笑）

上野 哈哈哈哈。

樋口 这是真的。83岁之前，我还能体会到自然的饥饿感，就算早上躺在床上，我的胃也会发出指令："我饿了，快起来给我做饭。"是的，这不是大脑发出的指令，而是胃。然后我就会爬起来喂饱自己。

上野 我今年72岁，说起来也已经很多年没有过被饿醒的经验了。

樋口 那可太遗憾了。您和我最大的区别可能就在于是否在战争年代经历过避难与饥荒。其实我们这一代人在粮食方面从来没有感到过富足。所以从本质上说，我们对食物是有一种贪欲的，这已经深深地刻在我们这一代人的骨血之中。所以很多人都有一种"世界的中心就是食物"的错觉。从前有一篇新闻报道上说"老人

才是食欲最旺盛的人群",我看到后非常高兴,还把这篇文章剪下来贴在墙上呢。(笑)

上野 确实,和养老院的伙伴们一起吃饭时,我都会震惊于他们的食量。他们每个人都吃得非常多!而且装多少吃多少,从不会剩下。

您现在出现了营养不良的问题,有没有考虑过"烹饪退休"这件事?

樋口 确实也有这么考虑过。其实这么多家务活里面,我最喜欢的就是烹饪。我丈夫去世后,虽然只剩下自己一个人了,我还是坚持了自己做饭很多年。84岁后我才开始觉得这有点麻烦。尤其是重建这栋房子时,家具和生活用品都是委托别人收拾的,所以我根本不知道那些锅碗瓢盆被他们收到哪里去了。我每次做饭的时候,不是找不到勺子,就是找不到锅碗。找不到的东西一旦超过三样,烹饪的欲望就会瞬间消失。所以大家总说搬家会让老人变傻也是有一定的道理。所以我现在才会营养不良啊。

上野 说句不该说的,其实还是因为您单身的时间不够长。(笑)

樋口　您说得没错,确实是因为我过得太安逸了。我们家一般都有两三个人,特别是我的第二任丈夫,他每天都起得很早,而且厨艺还很不错,所以每天早上都是他做好了饭后,喊我和猫起来吃饭。不过,晚饭一般都是我做的。

上野　光听您这么说,我都快羡慕死了。我这辈子都没有经历过这样的生活!那么您不再做饭了以后怎么办呢?顿顿都点外卖吗?

樋口　如果是一个人在家,我会选择买便当。

上野　您也算是个美食家了,能吃得下外面买的便当吗?

樋口　这就是在战争期间出生的孩子的一大优势了。饥荒那几年,就连梅干和白米饭对于我们来说都是奢望。现在顿顿都有七道菜,还有白米饭可以吃,我还有什么不满足的呢?

上野　我就不行了,如果让我吃不喜欢的食物,那我宁愿饿肚子。

樋口　您这一代人啊,从小就是娇生惯养的。我们这些就差"吃草根嚼树皮"没体验过,而勉强活下来的一代人,哪还有什么不能忍受的啊。

所以我经常就着牛奶啃啃面包，谁知道居然病倒了。

我一度因营养不足而头晕目眩，我甚至觉得自己快不行了。然后我去医院做了血液检查，当时医生的脸色都变了，他告诉我："我们怀疑您在消化系统方面患有严重的疾病。"于是我在84岁的年纪做了人生第一次胃镜检查。结果显示，我的体内一个癌细胞也没有。

上野　那可真是太好了。

樋口　医生担心我可能还有别的疾病，所以建议我住院治疗。不过那时我已经给自己的病起名为"中产阶级独居空虚型营养不良"了，所以决定出院回家。

上野　您这病啊，其实更容易出现在那些男性高龄老人身上，因为他们一般都没有身体是一切的基础的意识。年轻时就不怎么注重饮食管理的男人们，一旦开始独自生活，就很容易得病。（笑）

樋口　您还别说，我感觉自己和老男人没什么差别。这么说来，其实我应该是"男性衰老不适症"。

吃了妻子住院餐的丈夫

上野　我一直都是一个人生活，只要有冰箱和微波炉就能生存下去。如果去外面吃饭，打包带回来的食物就够我吃上三天左右了。全国各地的朋友也都会给我寄些冷冻菜肴，他们都很关心我，总是问我"千鹤子，你最近有好好吃饭吗"。

樋口　朋友对于每个人来说，都是宝贵的财富。

上野　是这样的。冰箱和微波炉这两件文明利器，也是独居生活的必备品。有了这些后，即使是一个完全不会做家务的男人，也能独自生存下去。

樋口　我是"家庭科男女共修"活动的发起人之一，不过在谈论家庭这个话题之前，首先要教会他们的应该是如何吃饭、如何让自己生存下去。

上野　是的，尤其要教会那些男人怎么生存下去。我经常听人说谁家的老太太因突发疾病住院后，家里的老头原以为自己完全可以靠外卖便当生活一阵子，哪知道10天后就吃不消了……

因为外卖便当的目标消费群体以年轻人为主，所以大部分都是重口味的油炸食品。

樋口　这还算好的，我还听过一件更离谱的事呢。那是在《DV防止法》[1]被第三次修订的2014年前后。一位老太太生病住院了，她的丈夫不会做饭，就每天都来医院看她，顺便把她的住院餐吃掉。

上野　啊？

樋口　这是真事。据说那家医院的住院餐特别好吃。这位老太太实在忍受不了了，就对她丈夫说："你倒是给我留一点啊。"您猜怎么着，那老头说："这可比你做得好吃多了，好好学着点。"

上野　简直不可理喻！

樋口　那家医院的护士长跟我说起这件事的时候，还半开玩笑地问我："樋口女士，您说这算不算家暴？"为此我还特意咨询过一位专家，专家表示过分限制配偶的饮食，就可以被认定是家暴行为。

1　防止来自配偶之暴力及保护被害人之法律。——译者注

上野 那个老头都家暴到医院去了。不过在周围人看来,或许还会认为他们是一对恩爱的老夫妻,毕竟丈夫每天都会来陪妻子。

我一直都是一个人生活,所以搬到现在居住的公寓,发现家附近的车站里有很多餐饮店后,我可真是太高兴了。这样我就可以生活得很好了。(笑)家里有冰箱和微波炉,附近有餐饮店和便利店,还有什么能比这个更幸福的。所以即便不再自己做饭了,我们依旧可以选择很多种生存方式。

樋口 不过还是要用长远的眼光来看待。例如,我现在的这栋房子到车站大约是步行 10 分钟的距离,其实当时我还有另一个选项,那栋房子到车站只需步行 5 分钟。之所以决定买下这栋房子,主要是考虑到这里更幽静一些,虽然离车站远一点,但面积也更大呀,多走几步就当是锻炼了。如果是现在买,我可就不会这么想了,我会更愿意选择住在餐饮店云集的车站附近,而不会选择这多出来的几十平方米!那样即使我将来腿脚不灵活了,也可以踱步去吃个荞麦面或是咖喱饭。我衷心建议即将迎来人生百岁的老人们，在选择居住地的时候，一定要考虑到这一点。

上野 那您为什么不干脆卖掉这片地，搬到车站前的公寓，而要选择了重建这栋房子呢？我也觉得生活的便利性对于老年人而言是最重要的。

樋口 人生的每一个抉择都不可能是最完美的。原因有很多，不过现在再改变什么也已经来不及了。（笑）目前我最大的感悟就是，人生百年、沧海桑田，城市的每个角落都可能发生巨大的改变，但无论如何，老年人都应该住在车站附近，因为那里的餐馆最多。

上野 您说得很对，我就一直是这么做的。

樋口 说到"烹饪的退休年龄"这个话题，我想补充一句。其实我不是自己领悟到这个道理的，而是通过一个从小就玩在一起的闺密领悟到的。我是东京人，所以和小学、初中、高中以及大学时代的同学都保持着联系。女同学每个人都嫁给了一个平凡的男人，都选择了贤妻良母的人生道路，她们的丈夫后来也都事业有成。她们每年都会寄贺卡给我，只不过从82岁那年开始，她们的贺卡上就多了一些小字，比如"我没想到你最喜欢的烹饪居然这么恐怖"之类的。

这行小字促使我有了"烹饪退休"的想法。因为即便男性退休年龄再怎么延长，到了80岁也干不动了吧？女性也一样啊，到了80岁以后，哪里还有体力做饭呢。所以我就想到，要给自己设定一个"烹饪退休年龄"。后来我在《明日之友》（一个长期连载刊物）上提出了这个想法，许多读者都表示赞同。

上野　这么说来，我们两代人还是略有不同的。我们这一代很多人都觉得，丈夫退休之日就是妻子退休之时。现在的退休年龄已经延长到了65岁。不过如果丈夫告诉妻子他想辞职，妻子是不会答应的，会让他看在钱的份上继续努力工作，我身边这样的例子还不少呢。即便如此，到了65岁后丈夫也是要退休的，然后就一直待在家里，那时很多妻子就会抱怨，你都退休了怎么还要我伺候？这种情况在我这一代人中间还是挺常见的。

樋口　我们这一代人就不同了，很多妻子会一直伺候到丈夫去世。这就是为什么我提出"烹饪退休年龄"这个想法后，会收到那么多读者的来信。比如有人就这么写道："虽然我很想不再做饭了，但我一旦选择不再烹饪，就没有了继续活在这个世界的意义，所以我也只能想想罢了，饭还是要继续做的。不过还是谢谢您给了我一个重新思考的机会。"可见不再做饭，并不单纯是不配再做个女性，而是不配再做个人。

上野　日本女人可真是太贤惠了。但从某种意义上说，也是太过固执了。所以很多妻子一辈子都在伺候自己的丈夫。因为她们并不在乎丈夫是否需要，很多时候只是出于自己的责任感而已。

樋口　"因为固执，所以做饭"？

上野　她们真的那么在乎主妇这个身份吗？甚至觉得一旦失去了主妇的身份，自己就失去了生存的动力。

樋口　确实是这样的。虽然现实很残酷，但不得不说，

　　　　我读到这封信的第一感觉，就是她们都将主妇的身份视为生而为人的唯一支撑。

上野　那如果这些女性先丈夫一步去世，她们的丈夫将来要如何继续生活呢？

樋口　一般来说，会选择去养老院。

上野　果然，去养老院是老头们的唯一选项了吧？

惠子小锦囊——外卖品鉴大会

如果说新冠肺炎疫情给这个世界带来了什么好处，便当外卖的普及应该能算作其中一个吧。只要老年人力资源中心的工作人员不上门，我就会偶尔点个便当外卖来填饱肚子。我很喜欢"贝尼斯家庭便当[1]"，每次都可以选择三道菜，这家餐厅的便当不仅食材丰盛，还会替我们计算卡路里，保证营养均衡，最重要的是一人份起送，真的非常方便。

对于我这种腿脚一日不如一日、想出去吃饭也走不动、平时又没办法和好友们一起吃饭的人来说，便当可能是最好的选择。从这一点上，我受到了启发。是不是可以联合一些有消费意愿的老头老太太们，一起开设个在线食堂，或是举办在线同学聚会？然后来一场便当品评会怎么样？大家可以一边吃着

---

1 日本的一个便当外卖品牌。——译者注

手里的便当，一边评价今天的便当很好吃，或是这家餐馆的口味也太淡了，这是不是很有意思？

藏书篇——
宝贵的资料可以用另一种方式储存

上野　继续说到断舍离的这个问题，对于我们这些研究人员来说，如何处理藏书可真是个头疼的问题。最近一些大学和地方政府的公共图书馆也开始拒绝接受外界赠书了。

樋口　是的。我们的书送不出去了。我家先生去世的时候，我就已经意识到这个问题了。他生前非常热衷于对日本战后新闻的分析，所以也积攒了一大堆资料。他原以为自己参与创建的那所大学的研究生院一定会接手这些资料，但时代变了，最终我只捐了六分之一出去。

上野　那剩下的六分之五后来是怎么处理的？

樋口　后来我让他的学生们挑走一些有用的资料，剩下的就当废品给处理掉了。

上野　您的藏书呢？

樋口　所有的全集本[1]都已经被我处理掉了。

上野　那您书房里现在都有些什么？

樋口　剩下的都是一些资料了。我想先找找有没有人需要这些书，剩下的就只能找废品回收站了。

上野　我的藏书足够塞满一栋房子的，我也正头疼呢，正好我最近在帮加纳实纪代女士联系赠书地点，这才意识到这些书可能会很难处理。

樋口　她的资料应该也不少吧。

上野　是的。她是个历史学家，所以家里收藏着很多很有学术价值的珍贵书籍。她去世后，遗属委托我帮忙联系赠书的单位，于是我联系了名古屋大学，因为那里新建了一座"性别研究图书馆"，然而我被拒绝了！这让我很震惊。如果就连加纳女士的藏书都不受欢迎，那我的那堆杂书岂不是更无人问津了。

樋口　您也可以考虑建立上野文库或是上野图书馆啊。

上野　怎么可能呀？

樋口　我们去世后，一定会有人提出这个想法的，只

1　某些作家作品的全集。——译者注

不过可能很快就会被遗忘。

上野　是的。地方政府也许愿意为著名的作家建立纪念馆，但 10 年、20 年过后，不仅时代会变，参与的人也一样会变。

樋口　是的。读者群体也会发生变化。

上野　或许一开始还能维持运营，但过不了多久就会慢慢失去人气，最终不是关闭就是民营化，甚至有可能根本没人愿意接手。

樋口　不过应该已经有人提出在您去世后建立文库或图书馆的想法了吧？

上野　完全没有。不过我们倒是可以期待抨击上野千鹤子的浪潮，（笑）我甚至都能预测到哪些人会抨击，以及抨击的内容。

樋口　不过如果我们要建立一座类似于"战后女性问题研究名人馆"，那您一定是最核心的那个人，我们这些人能占据一个角落就很知足了。说真的，如果日本重视这个方面，我想您的毕生藏书和资料一定会发挥很大的作用。

上野　我可以很肯定地说，这是不可能的，所以 WAN 才建立了一座电子图书馆。

说到这个话题，我又想到了一些事。近20年里，社会上对性别研究和性教育的抨击可谓是愈演愈烈。每次一提起女权主义，就会有很多人开始抨击这是对男性的敌对，在社会性反弹和行政改革的影响下，各地的女性中心都不得不缩减自己的图书馆和资料室。空间越来越小、预算越来越少，就连新书都买不到了。除此之外，许多小期刊也发出了停刊的通知。大都是因为负责发行的老姐姐们年纪越来越大，所以感到力不从心了。等那些老姐姐们去世后，那么往年出版的那些刊物该怎么办，对于死者家属来说无疑都是些毫无价值的垃圾，所以我们如果不做点什么，那些刊物最终都将烟消云散。因此，我决定将那些女性期刊扫描成电子档，并储存起来，哪怕不赚钱，甚至倒贴钱我都愿意做，其实自WAN成立开始，我就一直有这个坚定的愿望了。

期刊图书馆刚起步的那段时间，我们的能力还十分有限，于是我们决定先把精力集中在20世纪70年代以后的第二波女权主义类期刊上。

可是不久后，一些 70 年代以前就开始印发期刊的组织找到了我们，希望能加入我们的这个项目，这种请求让人无法拒绝，我们便改变了规则。要说 70 年代以前日本女性的三大期刊，排在首位的就是山崎朋子（女性史研究者，1932—2018）的《亚洲女性交流史》了，接着是森崎和江（诗人，1927 年生）的《无名通讯》，以及石牟礼道子（作家，1927—2018）与桥本宪三（高群逸枝的丈夫，1897—1976)合作的《高群逸枝杂志》。于是我们决定趁着这三大期刊的著作权人还在世，索性就把它们全部收藏了。幸运的是，我们顺利得到了版权许可。您打开 WAN 的主页后就能看到，我们将这些期刊的资料全部整理成了 PDF 文件，任何人都可以免费查看和下载。

樋口　所以，我们可以看到从创刊后的第一期开始的所有内容吗？

上野　是的。《无名通讯》的创刊号中还收录了森崎和江的创刊致辞，当时用的还是油印机呢。其中给我留下了最深刻印象的，就是一篇说明

"无名通讯"这个名字由来的文章,每次回想起来,依旧忍不住热泪盈眶。文中提到"(妻子、母亲、女儿、家庭主妇……)今天,我想把这些身份通通归还。我想做回一个无名氏。"

樋口　这些都是宝贵的资料啊。说起来,真的很感谢您也收录了我们的NPO"让老龄化社会更美好之妇女会"的会报。

上野　我们似乎有些偏离"对藏书的放手"这个话题,不管怎么说,如果我死后真留下"上野千鹤子文库",其实也是件很可怕的事情!

第一,读者可能会觉得,怎么她净留下些这样的杂书。第二,读者可能会质疑我到底有没有认真看书。第三,读者可能会嫌弃我居然在这种地方画线了。要真是这样,那可真是太糟糕了。我希望自己至少别留下负面遗产。

千鹤子小锦囊——
期刊是见证时代变迁的重要资料

1970年前后,日本各地出现了许多草根期刊。这一缕小小的火苗,最终演变成了日本女权主义的熊熊烈火。人们纷纷开始寻找女性社会地位低下的原因,并努力思考解决方法,以及思考还有哪些问题亟待解决。为了延续那股精神,为了让当年的烈焰永不熄灭,2002年,WAN在主页开设了一个期刊图书馆。其中收藏了107个主题、约4302册期刊(截至2020年8月2日)。这些资料已经被全部转换为电子数据,并被半永久保存在了网络上,可供所有人随时查阅。

打开主页后,就能听到许许多多质朴却又充满着坚定力量的女性之声,从个人的日常生活到对社会的思考。仔细品味、思考、想象,很快,那些坚强的女性形象就会清晰地出现在你的脑中。最令人惊讶的是，这些思想历久弥新，即便已经过去了半个世纪，也依旧深刻地反映出了当今社会的现状。

（摘自 WAN 期刊图书馆《馆长致辞》）

🦋 节食篇——
规律饮食比控制饮食更重要

樋口　我很庆幸自己的牙齿一直都还挺坚强。不仅还能享用美食，就连酥脆的食物都不在话下。

上野　虽然我的牙齿排列不太整齐，但数量还算充足，应该能实现"8020"（由厚生劳动省提出的一个健康长寿指标，即80岁老年人口中留有20颗以上的牙齿）的号召。

樋口　厉害！我最近在看《广播深夜号·金玉之言》（NHK服务中心篇），里面有一位营养学家说："年纪大了就应该少吃，这是错误的理论，老年人才更应该多吃。吃得多吃得好才能长寿"，我深表赞同。我觉得他说得对极了。

上野　有些长寿老人还每天都吃牛排呢。

樋口　是的，所以根本不用控制饮食。反而应该多吃才对！

上野　比如您自己是个美食家,但外卖便当也丝毫不嫌弃。那您是否能接受养老院里的那些敷衍的饭菜呢?

樋口　我们这代人啊,可比您想象得坚强很多。我们经历过战争,经历过新冠肺炎疫情,还有什么咽不下去的食物呢?

上野　果然每种生物体的抗压性都不一样啊。(笑)对了,您刚刚是不是说过"中产阶级型营养不良"?

樋口　是"中产阶级独居空虚型营养不良"。

上野　那么,自那以后您改变过自己的饮食习惯吗?

樋口　是的。在女儿的营养指导督促下,我现在每天都要吃一碗生菜,樱桃番茄一次必须吃六个。

上野　六个?这么厉害啊。我一次顶多吃一两个樱桃番茄。

樋口　如果是普通的番茄,我也只能吃一个。可我女儿太凶了,我不敢不吃啊。

上野　那么您最近身体好点了吗?

樋口　好多了。最大的改变就是,摄入的食物都被规律地从上到下消化掉了。还有一个改变就是，前阵子我都是在没有饥饿感的情况下强迫自己进食的，但最近慢慢又开始感到饥饿了。

上野　那您一定会长寿的！这种生活习惯，请一定要继续维持下去。

我一直都是一个人生活，所以三餐很不规律，也不会顿顿都自己做饭，因为做饭对于我来说已经不是义务了，充其量只能算作一种娱乐。所以如果有时间，我就会煮上一锅豆子之类的，然后把它们冷冻起来慢慢吃。我不仅喜欢自己吃，还很喜欢喂别人吃，所以我特别召集大家来我家举办女性聚会。

樋口　我听说关西人可都是美食家啊。这可是个好风气。前几天我在您家就大饱口福了。

上野　就是那个"鸭肉水芹失乐园锅"吧。（笑）这是《失乐园》（渡边淳一，讲谈社，1997年）中的一个食谱，据说是男女主角殉情前吃的，只是已经被多次改良。

也就是说，老年人其实根本无须控制饮食。

养老篇——
居家和住养老院的两难抉择

樋口　其实准备这个话题，主要是因为想听听您的想法。

上野　对于我来说，结束独居应该就意味着我死了吧。听您刚刚说的意思，您是打算好了尽量在家待到最后一刻吧？

樋口　是的。

上野　最近，"居家极限"成了老年人护理领域的一个关键词。那么到了"居家极限"后该怎么办呢？养老院可以提升我们的"上限"。"居家极限"有很多种，其中最主要的一个便是痴呆症。我现在最想知道的一个问题就是，一个身患老年痴呆症的老人究竟可以独居多久？痴呆症虽然可怕，但只要不是一下子恶化，其实也不会有太大问题。所以我从来就不接受"居家极限"这个说法。对于我来说，结束独居就等于我死了。

樋口　我觉得这其实挺难的。并不是所有人都能一个人照顾好自己。

上野　如果卧床不起、无法进食，那么有没有痴呆症其实并没有太大差别。一个人居住远比住在养老院或与家人一起生活更舒坦、自在。换句话说，造成痴呆症患者"周边症状"和"问题行为"的，其实是周围的其他人。一个人生活的情况下，压力更小，心情也更愉快，病情恶化的速度自然会慢许多。

樋口　读卖新闻中有一个叫"人生指引"的连载专栏，最近我们收到了一位读者的来信，说自己那位年近90岁的老父亲生病了，不知道怎么办才好。如果马上接受手术，应该还能再活一段时间。他父亲本人有着很强的生存意愿，所以希望接受手术，他们兄弟三人都有自己的家庭，事业上也比较成功，所以也都表示如果手术可以延长寿命，那就支持父亲接受手术。谁能想到他们的母亲居然摇头了，说老头要是再多活

几年，自己就要崩溃了，所以希望儿子们放弃手术。（笑）

上野　不会吧……当着本人的面说的？

樋口　是在家庭会议上说的。听到这话后，三个儿子都劝母亲点头，老父亲也希望妻子能再考虑考虑，可是那老太太就是油盐不进。最后老父亲也只好点头道："好吧、好吧，那我还是走了的好。"于是那位读者就想问问，他到底应该怎么做。

上野　那您是怎么回答的？

樋口　命是老父亲的，当然应该尊重本人的意愿，如果本人没有放弃生命的想法，那就应该努力说服他的母亲。想要说服这位母亲，那就不能忽略一件非常重要的事情。这个家庭除了这位老母亲之外，其他的都是男人对吧？只有一位女性的家庭，家庭主妇的负担是很重的。所有人都很依赖她，同时也在试图控制她。

上野　所以那位妻子觉得自己已经受够了。我能理解这种心情。

樋口　是的。于是我建议他，想要说服母亲，那就为她创造一个轻松的家庭环境，让她能够卸下肩上的所有重担。

上野　要是我，可能会更简单粗暴地告诉他"分家吧"。

樋口　老两口和三个儿子本来就是分开住的。

上野　不是和儿子，而是这老两口自己分家。分家后，妻子就不必再照顾她的丈夫了。如果不分家，妻子肯定是不能完全脱身的，所以分开是最好的办法。那么接下来的问题就是，如果让父亲一个人正常生活，长期护理保险会是一个很好的选择。

樋口　原来如此。三个儿子，特别是三个事业有成的儿子，能为父母分担的经济压力一定是比三个女儿多的，所以我建议他们给父亲请个护工，不要再让母亲操劳下去了。

上野　您有没有表示自己能理解他母亲的心情？

樋口　有的，我也这么写了。"如果放弃治疗，您父亲的寿命大概只剩一年，如果接受手术，应该还能活得更久一些。可是，一辈子围着四个男人转的母亲已经深感疲惫，并表示自己不想再

　　　　过这样的日子了。其实我非常理解您母亲的心情。"

上野　不过我倒是真没想到这位老太太居然会这么说。可见她也是积怨已久了。

居家派？养老院派？

上野　说实话，我原以为您翻新了这栋房子，就等于彻底斩断了去养老院的念想，结果您却说还是不排除最后入住养老院的可能性，这真是出乎我的意料。为什么您会这么想呢？

樋口　目前确实还没做出决定。其实我这也并不是破釜沉舟，顶多只能算是正站在河边思考，我其实也并不排斥去养老院这个选择。虽然我把毕生的积蓄都投进这栋房子了，高级养老院大概是去不成了，不过养老院的价格也是各式各样的啊。只不过，我更想过自由的生活罢了……

上野　您不排斥的其实是那些高档养老院吧？老实

说，您有没有考虑过社会福利法人开办的特殊疗养院[1]（特养）或者老人看护保健机构[2]（老健）呢？

樋口　有啊。这几年，特殊疗养院的单人间也都布置得很温馨、舒适啊。有些地方的特殊疗养院甚至比收费疗养院的环境更好呢。我有个朋友，甚至还想从收费疗养院转入特殊疗养院。因为他在收费疗养院的费用大约在每个月50万日元（约合2.5万元人民币）左右，而特殊疗养院则只需要30万日元（约合1.5万元人民币）左右。

上野　那就算不得特殊疗养院了吧？特殊疗养院的单人间也不过15万日元（约合7500元人民币）左右吧。

樋口　这与地段也有很大关系的。我说的那家疗养院位于东京的市中心。据说要预约好久才能住进去，而且这还是扣除养老金之后的费用了。

---

[1] 由地方政府和社会福利公司运营的公共设施，主要接收居住有困难的老年人。——译者注
[2] 以康复训练为主，身体好转后可以返回家中居住。——译者注

上野　要真需要这么多钱，那还不如在家请个护工呢。

樋口　我的这位朋友是个男性，患有轻度痴呆症和抑郁症，所以他的妻子也觉得力不从心了。可他又不能接受任何护工，非要让妻子照顾自己。我花了一年的时间才终于说服他住进了养老院。

上野　那现在不是也一样需要接受别人的照顾，和在家里请一个护工又有什么区别呢？不管怎么说，每个月花费30万日元的特殊疗养院还是比较少见的。其实我想问您的是，是否愿意住到标准的特殊疗养院？

樋口　港区白金[1]一带有一家不错的养老院，我一直都挺喜欢的，那里也有单人间可供选择。问题是，那家养老院只接纳当地居民，所以我是没希望了。

上野　那是当然的。

樋口　所以最理想的情况就是找一家离家近的特殊

---

1 东京都港区的白金台，高级住宅区云集之地。——译者注

疗养院，最好走上几分钟就能到。之所以希望离家近一些，主要还是考虑到自己已经适应了这里的环境。不过在入住之前，还是要好好调查一下养老院里的伙食状况。不过如果是因生活完全不能自理而被送进疗养院的情况，那就不必太在意地理位置了。

上野　要真是那样，在自己家里躺着又有什么区别呢？我果然还是不能接受这一点。

樋口　我觉得包括您在内的所有不接受养老院的人，大概都是觉得养老就必须在自己家里吧。所以才有那么多人为养老这件事所烦恼。

上野　我倒也不是那种居家主义者，只不过不理解为什么非要去养老院呢。为什么养老院就一定是解决"居家极限"的唯一方法呢？就连已经住在养老院里的那些人也对这一点深信不疑。

樋口　嗯，大概是因为大家都很担心叫了"喂"之后，没人搭理吧。而且我也从没说过我不喜欢居家养老哦。我也认为居家有居家的好处。只不过如果决定居家养老，就要先改善一下居住环境。

看看小堀鸥一郎先生的居家医疗就明白了，大部分居家养老的人，都是因为经济条件不允许。换句话说，就是没钱去养老院。所以这部分人群还是愿意选择居家养老的。

上野　但是很遗憾，特殊疗养院和老人看护保健机构只会接纳经济条件好的，或是领取生活保障金的老人。最近，一些特殊疗养院在单人间之外，也增设了许多多人间，如果选择入住多人间，就只需要花费单人间的一半费用，也就是大概每个月七八万日元（约合三四千元人民币）。

不过再高级的养老院，我也完全不能接受。我曾经应邀到东京的一家高级疗养院去演讲，那家养老院的费用是每月 70 万日元（约合 3.5 万元人民币）。去之前我问工作人员："我一直都不接受养老院，那么演讲的时候我可以说真话吗？"他们表示"没问题后"，我才接受了这个邀请。到达养老院后，首先看到的是一座毫无艺术品位可言的四方形建筑。一个老头在中间的走廊里走来走去。我问工作人员："那位大爷在做什么？"他们告诉我："他患有痴呆症，我们不敢放他出去，只能让他在走廊里走动。"所以这就是每个月花70万日元后得到的生活？这也太难以置信了。

樋口　很多时候，老人的"居家极限"其实是由家人决定的。

上野　对吧？换句话说，随着单身人群的不断上升，家庭阻力也会相应降低，那我们还有什么理由离开自己的家，住进养老院呢？

樋口　的确，结束独居，其实也代表了不得不结束独居。但也有前面说的那种"我不想救我丈夫了，我不想让他再活下去了"的妻子。（也许）愿意接受老人"居家养老"的家庭会越来越少。而且护工的离职率也在逐年增加。有多少生活不能自理的老人能忍受一个人"在家"？有多少老人可以决定自己的所有事情？我的未来会变成什么样？其实我丝毫没有信心。

上野　每次想到这个问题，我都很庆幸自己是单身。

千鹤子小锦囊——
做好在家孤独离开的准备

我曾以"是否存在在家孤独死去的可能性"为题,采访了在岐阜市从事居家疗养工作的小笠原文雄医生。那段时间,我对居家临终关怀哲学产生了浓厚的兴趣,在多方调查后了解到,接受临终关怀的人可以在几乎没有痛苦的情况下,安详地独自离开这个世界。小笠原医生告诉我,临终者的心理大致可以分为以下几种类型。

做好规划,让剩下的日子变得更快乐。

有家人的老人,还是希望能在家里离开世界。如果想住院,会由自己开口请家人帮忙安排。

离开世界后就没有说话的机会了,所以一定要事先留下遗言。

如果家人住得很远,就告诉他们:"我走之前如果想见你们,会主动告诉你们的。只要我不叫,你们就不用特意过来了。一定要过好自己的生活。"如此一来，遗属的心里就有底了。

（摘自《小笠原医生答上野千鹤子话——可以孤独死去吗？》，上野千鹤子、小笠原文雄著，朝日新闻出版，2013年）

后来我也接触了许多实际的案例。小笠原医生认为，如今我们完全可以在独居的情况下照顾好自己，而无须家人的帮助。不仅如此，这几年许多老人都表示"外界干扰越小，我越容易照顾好自己"。可见与家人同住已经不再是家庭护理的必要条件了，甚至反而成为一种阻碍因素。这些可都是小笠原医生20年护理保险从业经验的智慧结晶啊。

第五章　在人生旅程中，看见自己

>> 药物篇——药物不一定会带来健康

　　惠子小锦囊——不要隐藏对药物的担忧

>> 人生篇（1）——希望能生在性别平等的时代

>> 人生篇（2）——希望人生能全部由自己做主

>> 记忆篇——丢掉记忆的同时，也卸下了身份

>> 遗嘱篇——希望亲友们能明白自己的意愿

　　惠子小锦囊——"人生会议"的意义在于不断重复

药物篇——
药物不一定会带来健康

上野 　我渴望自由，如果我去了养老院，是不是就会被限制啊？

樋口 　那肯定是会受到限制的。比如医生们不仅会给我们开药，还会严格盯着我们吃药。

上野 　"让老龄化社会更美好之妇女会"曾做过一项关于服用药物的调查。看到结果的时候，我就觉得将来一定不能给自己找药剂师护理，我可不想被他们盯着吃药。

樋口 　我在60多岁那段时间，一度因为体重增长过快而差点导致主动脉瘤破裂。手术后，医生嘱咐我每天要吃两片降压药，我偷偷告诉你哦，那个药的药效实在是太猛了，所以我自作主张减了一片。现在虽然也恢复到两片了，不过当时减了一片后，真的感觉整个人舒服了许多。

很多时候，我们会根据自己的身体来酌情增加或减少剂量，可如果进了养老院，肯定就要乖乖地听医生护士的话了。可能每天的饭桌上都会摆着一排药片，然后护理人员会牢牢地盯着我们吃药。

上野 这是药剂师的职责所在。

樋口 每次一想到这个，我就很抗拒去养老院，然后我的女儿就会觉得我这是在胡闹。

上野 是吧？其实我也是一样的感受。患有痴呆症的老人，还必须定时服用"安理申"（一种用于抑制阿尔茨海默症和路易体痴呆症的药物）。我不是"近藤教"[1]的信徒，不过也经常收到近藤诚先生（医师，1948年生）的赠书。他在一本名为《这些药物会让人变傻》（近藤诚著，学阳书房，2019年）的书中曾提到一个叫作"化疗脑"的概念。化疗脑也被称为"化疗后认知异常"，具体来说就是一种因服用普

---

1 日本的近藤医生主张如果得了癌症，不要治疗，应该让它自然发展。他认为癌症治疗不但无益，而且只会让患者多受苦痛。——译者注

通处方药而导致的脑部疾病。据说一些长期服用药物的慢性病患者就有出现脑损伤的风险。而且降压药就属于风险药物中的一种。

樋口　药物可以拯救生命，但如果服用过多，就会导致身体出现排斥反应，这一点可以说是不争的事实。所以很多时候我会选择听从自己身体的声音，万一因为服药不够而死了，那也是我自作自受，怨不得别人。所以在家养老的一个好处就在于，服药方面可以不受他人控制。

上野　我也是这么想的，所以我也不愿意吃"安理申"。

樋口　话是这么说，不过上面所说的那项关于服用药物的调查中也显示了，70%~80% 的人正处于长期服药的状态。针对"您现在身体状况如何"的问题，其中 70%~80% 的人都表示自己"挺健康的"。那些自己控制用药数量的人甚至表示，如果哪天自己不行了，是"没有人"会帮助自己的。我觉得日本家庭保健方面最大的问题就在于用药管理。过去我认为，所有需要长期服用某种药物的人都属于"病秧子"，包括我自己也是如此。不过你看我，虽然吃着药，也仍然可以和正常人一样工作、生活。可见很多人都在患病的过程中慢慢变老，但服药并不意味着我们的生活会出现什么不同，这其实是非常正常的。从某种意义上说，停掉除止痛药之外的所有药物，自然地迎接死亡，我认为这才符合人类生老病死的自然规律。有些老人表示，希望在生命的最后一个月前停止所有药物，安静地等待死亡。不过我觉得停止服药后，说不定还能活得更长呢。

上野 确实有这个可能。（笑）

惠子小锦囊——
不要隐藏对药物的担忧

2018年,"让老龄化社会更美好之妇女会"针对全日本范围内的"老年人用药现况"进行了一次调查,调查结果为我们直观地展现出了老年人的用药问题。

看到这个结果后,我非常震惊。原来日本国内居然有这么多"健康的病人"。79%的受访者表示自己"非常健康"或"挺健康的"。而这部分受访者中又有80%表示自己需要长期服用处方药。而且其中10%以上的人甚至表示自己需要同时服用7种不同的药物。

从调查结果来看,几乎所有人都觉得到了一定年龄后就应该找医生开些药。虽然也有许多老人觉得他们似乎有些服药过量了,却又不好意思询问医生,这其中的一部分老人会拜托药剂师向医生转达"希望少开点药"的请求,因为他们觉得药剂师更让人觉得亲近一些。

2017年，日本出台了关于医疗费用的修订政策，未来可能会有越来越多的药剂师向医生建议减少那些大量用药患者的用药数量。与此同时，我们病人也应更坦率地向医生表达自己对药物的担忧。

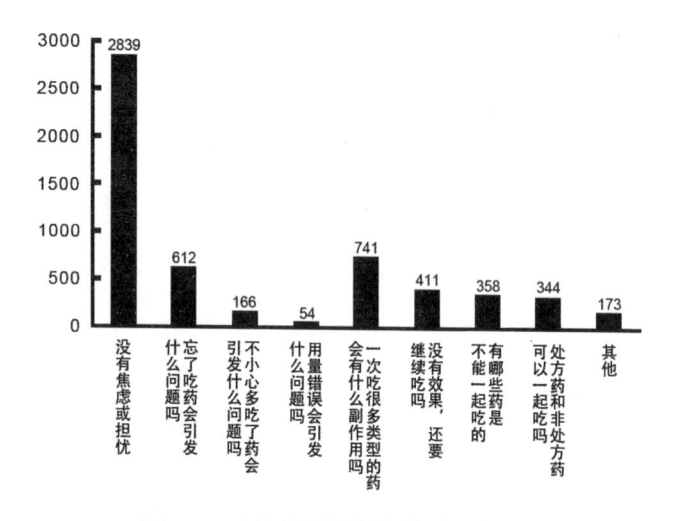

选项	人数
没有焦虑或担忧	2839
忘了吃药会引发什么问题吗	612
不小心多吃了药会引发什么问题吗	166
用量错误会引发什么问题吗	54
一次吃很多类型的药会有什么副作用吗	741
没有效果，还要继续吃吗	411
有哪些药是不能一起吃的	358
处方药和非处方药可以一起吃吗	344
其他	173

图1 对长期服药的焦虑或担忧

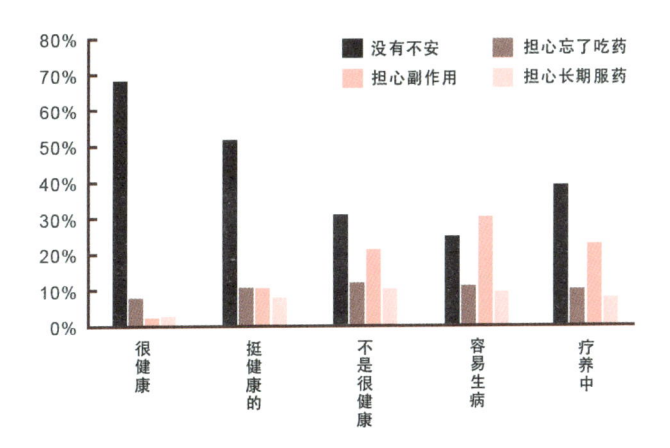

图2 不同健康状态对服药的不安

引自"老年人用药现况调查"。

从上图中可以看出，约有一半的受访者表示他们对日常服药"没有"任何焦虑或担忧，可见日本的国民还是非常信任本国医疗的。然而，"担心副作用""担心忘了吃药"以及"担心长期服药"的受访者也不在少数。这份调查也同时显示了另一个问题，即"容易生病"的受访者是最担心药物副作用的人群。

人生篇（1）——

希望能生在性别平等的时代

樋口　据说如果把备忘录（或者用笔记）也算在内，那么丰臣秀吉一共留下了三句遗嘱，而其中最令我印象最深的一句便是在"托孤秀赖"（具体参见本书第一章《作为母亲》一节内容）之后说的"不舍这繁华人间"。我不知道自己临终前会说些什么，但我觉得自己一定也会觉得"不舍这繁华人间"吧。

上野　我大概不会这么想吧。因为我从来不觉得自己有什么遗憾。

樋口　因为您总是把所有事都做到尽善尽美。

上野　不是的，我从年轻的时候起就是这么想的。我做的都是一些顺应时代需要的工作，所以我从未担心过我死了以后怎么办，或是这本书还会不会留存在这个世上等问题。可以说，暂时还没有出现过任何让我不舍的东西。我一直好奇，是不是有孩子的人就不会这么想了。于是我问了许多做了母亲的朋友，结果每个人的答案都不太一样。有的妈妈觉得孩子结婚前自己可不敢死，也有妈妈表示孩子3岁以后，自己就可以无所牵挂了。那个说要活到孩子3岁的妈妈，是因为某天看到自己3岁的孩子时突然觉得："嗯，看样子这孩子即便没有我也能活下去了。"这些妈妈都委托我一定要问问您关于什么时候才能了无牵挂地离开世界的问题，不过我们在一开始就谈了这个话题，而您也表示女儿能够独立生活的时候，您就觉得自己的使命结束了。那么从生命的角度来看，您会觉得那个时候死也瞑目了吗？

樋口 别看我今年已经88岁了，我依旧每天都在想着如何超越自己，挑战更高难度的工作。都说"仰望无止境"，成功的人一定比我们这些浑浑噩噩的人付出了更多努力。我一直觉得自己的所有成就都不是天赋或努力的结果，而是我比别人更幸运而已。所以哪怕阎王爷现在就召唤我，我也可以笑着说:"这辈子我过得很满足。"

上野　是因为您觉得已经完成了自己的使命吗？

樋口　或许，可以换个更通俗的说法。我不是一个天资聪颖的人，可我却有幸完成了这么多超出个人能力的工作，并因此而小有名气，所以我是个非常幸运的人，我对这个世界充满了感激。只不过……日本谚语里不是说"一寸弱虫尚有五分魂"吗？每个人都有属于自己的坚持，所以就像我前面跟你说的那样，我也还有很多很多想做的事。

上野　我也觉得，您可比我贪心多了，我觉得自己没有那么多欲望。

樋口　是啊，我觉得您是个比较洒脱的人，我算是个执念比较深的人吧。所以我一听说您在策划这本书，立刻就来了兴趣。认真想想，我和您还从来没有如此深入地交谈过，所以就主动提出想和您聊聊……

上野　您说得没错。我和您的想法完全一样，说实话我也不确定今后是否还有机会再和您如此深入地一对一交流了，所以我希望能和您说说心里话，听听您内心最真实的声音。

樋口　趁着我还活着，与您好好交谈一次的愿望，今天就算成功实现了。接下来就是答应了别人的一些书，我得抓紧写出来。（笑）要是没写完就死了，虽然客观上倒也不会造成什么影响，但主观上毕竟还是有些意难平的。

生于这个变化的时代

上野　接下来我们换个话题吧，您刚刚提到"觉得自己是幸运的"，那么我想问问，如果再给您一次重新选择人生的机会，您希望自己能出生在哪个时代？

樋口　至少不能像我年轻时那么性别歧视的时代吧，要是能给女性更多工作的机会，就更好了。我不想再生在昭和的头10年了[1]。

上野　之前，我在由WAN主办的研讨会上遇见了望

1　昭和元年—昭和9年，即1926—1934年。——译者注

月衣塑子女士（东京新闻记者，1975年生），对了，您也参加了那次研讨会。在聊到"人生遗憾"的话题时，我也是这么对她说的："要是我晚生30年，或许我会像您一样做一个积极向上的女性，或许我会成为一名记者，会听到许多人称赞樋口女士。"

樋口　我也总会这么想。所以我虽然觉得自己总体上是个幸运儿，但在工作这件事上，我就完全称不上幸运了，这与女性的社会地位有着很大的关系。

我从东京家政大学退休后，编写了一部《女性的150年年表》。主要阐述了从明治时代到现在的女性生活环境变化。从那张年表上可以看出，虽然1945年日本战败后，妇女解放运动及《女子差别撤废条约》的出台，的确让社会上的所有人都大吃了一惊，但法律和制度方面的改革，却是时隔40年后的1985年。也就是说，在战后的40年内，女性的生活方式和生活环境未得到丝毫改变，一样是生活在父权制、男尊女卑、性别不平等的环境下。

上野 是的。所以您之所以会觉得自己很幸运，恰恰是因为生在那个女性地位低下的时代吧。简单来说，就是我们可以体会到这种变化，并可以靠自己的力量不断创造新的变化。正是这种满足感和成就感，让您觉得自己出生在一个动荡的时代也是一件值得感激的事情。

其实，我也有同样的感受。女权主义的伟大前辈驹尺喜美女士（前法政大学教员，1925—2007）在与五木宽之（小说家，1932年生）谈话时就曾说过："我没想到我的有生之年里，差别会被升级为歧视。"男人和女人本就是完全不同的生物，所以去比较这个简直就是浪费时间——这是"区别"，但很遗憾这种区别却被演变成了一种"歧视"。

所以驹尺女士才称之为"升级"。我觉得这句名言就该载入史册，因为20世纪后半叶就发生了激烈的动荡。

樋口 不管怎么说，活到最近的各位女权主义者，包括驹尺女士在内，都算得上是幸运儿了。因为我们都看到了时代的变化。

上野　是的。就是那种很高兴自己能够与这个时代共同进步的心情。如果早出生10年，我可能就无法融入社会，说不定就只能一辈子被困在农村，郁郁而终。不过，我偶尔也会偷偷想，要是我晚出生10年，可能会凭借出色的管理天赋而成为一名成功的女商人。（笑）

樋口　嗯，也许您会比现在更富有。

上野　是的。

樋口　不过，能生活在这样一个变化的时代，我还是非常高兴的。

上野　嗯，我觉得自己这辈子过得很幸福。

樋口　我也是。不过即便如此，我也依旧会有"不舍这繁华人间"的感慨。这大概就是一个88岁、觉得自己大限将至的老人内心的五味杂陈吧。

上野　那么，对于您来说，对人生的"放手"其实还早着呢吧。

樋口　确实是这样的。对我来说，放手其实就是"放弃"。其实我没有选择的余地。大概腿脚不方便了、脑子不太清醒了、浑身不太舒服的时候，就是我该放手的时候了。

人生篇（2）——
希望人生能全部由自己做主

樋口　关于对人生的放手这件事，我想我还有话要说。一直以来，我都希望自己的事情能全部由自己做主。所以我也一直都对京都社区医疗专家早川一光先生（医生，1924—2018）最后的时光有着很大的兴趣。

上野　您具体是指哪个方面？

樋口　早川先生的女儿曾在《早川一光的"本不该如此"》（早川樱，密涅瓦书房，2020年）中提及先生在家人的照顾下接受治疗和护理的情形。在生命的最后阶段，先生的口中总是反复念叨的"孤独""可怕"和"难受"这些词，而当他的营养供给方式从中心静脉输液改为了高营养输液的方式后，他的口中就只剩下了"难受"。书中写道："眼白变黄，皮肤也变得蜡黄了……"所以我一直很想知道，若他本人意识清醒，究竟是否愿意接受这种单纯为了延长生命的治疗呢？

上野　我也看过那本书。不过我忘了是谁决定为先生延长寿命。

樋口　按书中所写，这是由很多因素决定的。早川先生没有明确表示希望停止治疗，随着他病情的加重，家人的决定权也就更大了。而且似乎身边的亲朋好友都表示如果不进行中心静脉输液，就无异于是在谋杀先生，所以才决定采用这种方法延长先生的寿命。所以我觉得，作为居家医疗专家的早川先生，其实早就应该交代好这些事的，可是他最后说的话却只剩下了"难受""可怕"和"孤独"。我想我能够理解他的心情。就如这本书所提示——"本不该如此"，我们每个人在选择死亡方式的时候，都无法完全遵从本人的意愿。

上野　早川先生似乎是在家里离世的，他有没有说过自己不想去医院？

樋口　好像在最痛苦的那段时间，以及因路易体痴呆症而出现强烈的幻听和幻视的那段时间，不得不去医院接受治疗。读到先生最后因高营养输液而浑身难受的那段文字时，我真的觉得自己也是感同身受。不过每个人的死亡原因都不一样，所以我们不能在他们死去以后再置喙些什么。

上野 读者看到这里的普遍反应都是，像早川先生这样临终前感到"可怕"和"孤独"的人，才是最有福气的人。

樋口 是这样的。我觉得他说得很好。"可怕"和"孤独"与丰臣秀吉的"不舍这繁华人间"实则有异曲同工之妙，每个人都希望自己能活得更长一些，所以大部分人都是带着不舍和遗憾离开这个世界的。我也一样，也想带着不舍和遗憾离开这个世界。

上野 一直以来，早川先生都是处于照顾人的立场，可是临终前却成了不得不被人照顾的人，所以我认为他的内心必定充满了无奈和遗憾。但至少，他的身边还有一些让他愿意表达出这种心情的人陪伴着他。毕竟如果身边一个人都没有，那他就算想说，也不知该与谁说。这也算是拥有家人的一个幸福之处吧。据我所知，许多独居的老人在临死前找不到能够倾听自己感受的人。

樋口　拥有家人是件幸福的事。

上野　是的。如果身边有一个能听见自己说话的人，就会一直说下去吧。从某种意义上说，这是一种幸福。

樋口　是的，早川先生是幸福的。但我依旧认为他在临终前真是太痛苦了。他的口中一直在重复着"难受""孤独""可怕"，我真希望他当时能快点离去，少受一点痛苦。据说他在被确诊为造血系统恶性肿瘤后，如果不进行治疗，大概只剩几个月的生命了。我觉得他肯定不会在那个时候说放弃治疗。当然，希望得到治疗是一回事，但临终前该怎么办呢？没有人可以替他做决定，所以最后是继续治疗还是放弃治疗，理应由本人提前做好交代。

上野　即便家人希望延续他的生命，但我认为医生不可能不知道这种延长生命所带来的痛苦。毕竟如今居家医疗已经越来越普及了。

横滨的寿町有一位专门从事居家护理的专家山中修博士（家庭医生，1954年生，曾获日本医师会红胡子大奖），我曾问过他一个问题："临终的人会感到孤独吗？"他告诉我，他从未从寿町的老爷爷们口中听到"可怕""孤独"这类的词汇，只会听到"谢谢"两个字。他说老人一旦说出这两个字，则意味着马上就要闭眼了。他的话让我深受触动。老人的身边并没有亲人或朋友，医生也不会说"他已经走到了终点"，因为不知道该对谁说。相反，这个时候的老人反而会对医生说："谢谢您这段时间的照顾。"

樋口 我也想在闭眼前说一声"谢谢"。说一句"我很害怕、很孤独，谢谢你"。（笑）咽气前还得说这么多话，听起来好像有点忙啊。不过才疏学浅的我能够过上今天这样的生活，其实也是多亏了包括"让老龄化社会更美好之妇女会"在内的所有人的帮助。

记忆篇——

丢掉记忆的同时,也卸下了身份

上野　我现在最关心的问题就是痴呆症了。不久前,我找了一位痴呆症专家,为大脑做了一次核磁共振检查。因为我想先拍下自己大脑目前的状态。

樋口　我也拍了。

上野　早川先生一直都很清醒,所以一直都没有忘记自己是谁,而早就宣布自己患上痴呆症的长谷川和夫医生,到后期已经完全忘了自己是谁。就连曾经那么聪慧过人的森崎和江女士也因为患上痴呆症而不得不住进了养老院,这件事还是她儿子写信告诉我的呢。他在信中用了一句特别的话来描述母亲的病情:"我的母亲已经卸下森崎和江的身份,过上了平静安稳的生活。"说得真是太好了。卸下了樋口惠子的身份……卸下了上野千鹤子的身份……

樋口　我已经开始有些糊涂了。

上野　像我和您这样的人，通常都会被冠上一个指示代词，比如"那个"樋口惠子。即便是我们这样的人，最终也要忘记自己。比如我看完森崎女士的儿子的来信后，反而感到了些许欣慰："哦，看样子她在人生的最后阶段终于可以放下自己了。"其实痴呆症也并不完全是件坏事，对于自己而言又何尝不是一种新的希望呢？

樋口　这真是个让人受启发的故事。

上野　说起来，我真是佩服长谷川和夫先生的夫人，长谷川先生在患上痴呆症后，不是丢东西就是丢钱包，每天都会出现各种意外状况。一般人遇到这种事肯定会很生气对吧？可是他的夫人却说："东西丢就丢了吧，所幸他不会记住自己犯的错，不会为此感到难受，这就已经很好了。"能够不用担心受到任何人的指责，能够安静、愉快地住在自己家里，我想即便患了痴呆症，也依旧能够过得很好吧。

樋口　痴呆的情况是多种多样的。

上野　是的。真希望自己能痴呆得轻松一点。

樋口　我有一个同学，7年前开始出现痴呆的症状。我偶尔也会去看看她，3年前她还能认出来谁是谁，不过最近已经完全不认识人了。但她还是潜意识中觉得来的都是自己的朋友，所以看起来也很开心。她的床边放着她先生的照片，不过她看照片的时候也是一副"这是谁"的神情。

上野　这不是很好吗？她已经完全卸下了妻子、母亲的身份，甚至卸下了自己的身份……

樋口　但是如果那样，大家可能就不会积极地去看她了吧。想想也挺悲哀的。真是太难了。

上野　有了看护保险后，已经无须担心无人照料的问题了，所以大可安心地把自己当成已经下了黄泉的人。

有些母女不和的家庭，自母亲患了痴呆症后，二人间的关系反而得到了缓和，看到一直以来都很霸道的母亲因痴呆而变得天真烂漫，女儿感到很欣慰、很开心，觉得自己能够好好地陪伴母亲度过晚年了。听到这些案例后，我就会觉得痴呆也挺好的。

遗嘱篇——
希望亲友们能明白自己的意愿

樋口 我听很多人聊过父母去世时的情景,比如有些老人会在去世半年前写好遗嘱。想想也的确是这样,等到临终前,即便意识清醒,也会觉得看淡了一切,不想再坚持什么了。所以,还是应该尽快安排好自己的后事。日野原重明先生(医生,1911—2017)曾亲口对我说:"樋口女士,如果您有什么遗言,或是有什么想对家属说的,请一定要尽快说出来。"

上野 您已经留下了遗嘱了吧?

樋口 关于"让老龄化社会更美好之妇女会"的后续事宜,我已经做好了公证。除此之外,也写了部分捐赠的对象和金额。我只有一个法定继承人,所以不存在争夺遗产的问题。

上野 我在40岁时就写好了遗嘱。40岁那年,我被派驻国外一整年的时间,我算了一下,光这一年就要飞53次。这么频繁地起飞降落,可就难保什么时候就遇上空难了,所以我就决定先把遗嘱写好。后来,我每隔几年就会更新一次遗嘱。

樋口 单身女性的觉悟果然和我们不一样啊。

上野 对了,您对人生会议(Advance Care Planning,ACP,针对人生最后阶段希望得到哪些医疗/护理服务,与医疗/护理团队等进行反复讨论的做法)有什么看法?

樋口 我在自己随身携带的保险证内塞了一张写有我个人意愿的名片。"如果我神志不清、确已药石无效,请不要为我进行任何单纯为了延长生命的治疗。但请尽量帮我减轻疼痛。"送走老伴后,我对那些单纯为了延续生命的医疗非常反感,所以我才写下了这句话放在保险证里,希望我女儿或亲友能够明白我的意愿。说起来已经放了将近20年了。

上野 那么,您支持ACP吗?

樋口 算是支持吧。但ACP也有很多类型。我还是不太希望通过 ACP 来决定自己的临终事宜。当然，我非常愿意分享我的意见，只是不希望通过投票的方式来决定我的事情。

上野　最近出现了一个新的说法，英语写作 SDM（Shared Decision Making，共同决策），似乎指的是在与子女、医务人员和亲属协商一致后，选择最适合自己的治疗方法。

樋口　近来，《读卖新闻》上刊载了一个名为"我与人生会议"的专栏，一共做了七期，最后一期刊载的是记者与我的谈话内容。不过先不提我的谈话内容，专栏中出现的案例真是很值得我们深思。可能是因为距离生命的终点还有一些距离吧，其实在患者和周围人进行交流的过程中，患者自身也发生了很大的变化。一直到咽气的前一刻为止，他都可以以社会一员的身份与其他人进行交流。虽然这样的交流完全不能决定什么。不过，从让患者重新与他人建立起信任关系的这一点来看，ACP 还是非常有用的。

上野　这是肯定的啊。不过这与 ACP 其实并无太大关系吧。

樋口　话虽如此，但现实就是很多人都做不到这一点。

上野　听了您的这番话，我总觉得媒体将这些感人的故事全都归功于ACP的努力，这种论调是非常不好的。当然，我并不是否定ACP做出的积极贡献，新闻上也连载了许多关于ACP的优秀案例，但我觉得其实并不尽然吧。

公立福生医院就是一个很有代表性的例子。这家医院会询问患有肾脏疾病的女性是否选择停止透析治疗，如果选择停止透析，那么患者就会在一周后死亡。但是开始治疗是需要向ACP提出申请的。所以我担心一旦ACP成为主流趋势，那么无论是住院治疗还是入住养老院，都会被要求提交ACP申请文件并签名。哪怕医生说"您可以随时改变心意"或者"即使决定了也是可以修改的"，但要求签名、填写申请日期这件事，就相当于无形中提升了难度。我很不希望将来的日本被这种浪潮所吞没。对此，我询问了几位长期从事护理行业的专家前辈们，他们告诉我："于公而言，我应该予以支持，但于私而言，我又真的很反感这件事。"我相信他们的判断。

樋口　如果 ACP 成为一种标准化的手续，那我也是持反对的态度。只不过我还是会愿意听听他们的建议。

上野　我也反对，虽然这个趋势也许不可改变。

樋口　像我这种"黄土都埋到了脖子"的人，可不想再受苦了，也不想毫无意义地延长生命。

上野　那您只要交代您的女儿就可以了吧。

樋口　我早就交代女儿了，而且我 20 年前就已经在保险证里塞了写着个人意愿的名片。

上野　这样不是就足够了吗？所以您不觉得起个诸如 ACP 之类的名字，然后向日本全国进行推广，是一件毫无意义的事情吗？其实完全不需要什么 ACP，只要进行充分沟通，不也一样可以达到期待的效果吗？

樋口　那就不是 ACP，而是樋口会议了。对签名的要求如果过于严格，就可能出现没有 ACP 文件就不能办理住院的情况，那可就成了大问题了。这不应该成为一种强制性的做法。

像您这样直接强烈反对当然也是一个办法，只是当年我看到老伴与病魔苦苦斗争了3年零2个月后，我就觉得自己一定不要过那样的生活。

上野　与病魔抗争3年零2个月，是您先生自己的选择吗？还是您的选择呢？

樋口　我没有任何选择的余地，因为当时除了气管切开术之外，我们别无选择。那时我正在准备去外地做一场非常重要的演讲，结果医生让我签字同意进行气管切开术。他们告诉我："舌根下垂是指舌根落入咽部，阻塞气道，我们建议为您的先生进行气管切开术。"于是我问他们："如果我不同意，会有什么后果呢？""那您先生的气管就会被阻塞，此刻就有生命危险。"医生答道，"而且如果我们不进行气管切开术，那就无异于见死不救，这是会遭到报应的。""真是抱歉，给您添麻烦了。"我说完便签上了名字。自那以后，老伴就在床上躺了3年零2个月，完全不能动弹。

上野　他的意识还清楚吗？

樋口　还可以，只不过他已经说不出话来了。就连取钱，都要先把律师和银行的分行长叫到他的床边，确认了他的意愿。他右手的大拇指是可以活动的，眼睛也可以转动，所以律师就问他："您愿意委托樋口惠子保管和使用您账户上的存款吗？如果愿意，就请竖起您的大拇指。如果不愿意，请维持现在的姿势。"

上野　你们没有登记过婚姻关系，所以才需要这么复杂的手续，是吗？

樋口　是的。因为我们只是事实婚姻。不过我觉得即便是合法婚姻，也一样需要确认本人意愿。很感谢他竖起来大拇指，钱的问题才算是解决了。

怀念拒绝安装人造胃瘘的丈夫

樋口　接下来就是我自己的故事了。躺在床上的3

年零2个月里，他都是通过鼻饲营养来维持生命的，每一次排泄都是一件大工程。在护士面前，他总是感到很羞愧。这种情况一直持续了3年零2个月。不过好在他曾在两所大学任教过，所以那段时间，两所大学的学生都会轮流来看他，和他一起听音乐，一起谈天说地，家里也总是十分热闹。所以我觉得他的晚年并不孤单，在这3年零2个月里，他过得很开心。在是否装胃瘘的选择上，他的决定令我终生难忘。当时，医生问我们："想装个胃瘘吗？"鼻饲的痛苦我太了解了，于是我在同意书上签了字，但最后还是被他用右手的大拇指给拒绝了。

上野　签署同意书前，您问过他本人的意愿吗？

樋口　某天我去医院的时候，院长把我叫到了他的办公室，然后问我："您的丈夫现在是靠鼻饲摄取营养，最近还有一种叫作'人造胃瘘'的技术，可以通过手术，让患者从瘘管中直接摄取营养。这样就可以增加摄入营养的类型，延长患者的寿命，比现在的状态要好很多，您要不要考虑一下？"我一般都是尊重医生的专业建议，所以立刻表示"好的，那就麻烦为他动手术吧"，并在同意书上签字盖章了。不过转念一想，这件事还是要和他商量一下为好，于是又补充了一句："我问问本人的意见吧，最终还是要由本人决定的。"因为快到大学的上课时间了，所以我急急忙忙去了病房告诉他："刚刚我去了院长办公室，院长跟我提了这个建议，据说这样就可以让你获得更多营养，也能活得更久一些，所以我就签字了，你觉得可以吗？"然后他弯了弯右手的大拇指，表示了同意。只不过，弯曲的幅度非常小。我总觉得有些不对劲……就在即将离开医院的时候，刚好遇见了医院的总护士长，她与我先生是旧相识了。于是我拜托她道："是这么一回事，他好像不是非常愿意接受这个手术。可否请您今晚为他详细说明一下胃瘘手术，并得到他的同意？"如果他愿意，那么第二天早上10点就可以开始手术了。当然，我也和总护士长说了："如果和他说明情况后，他不同意，那就请取消这台手术。"结果，他拒绝了。

上野　是因为不喜欢胃瘘吗？

樋口　当时，胃瘘还是一种新的医疗技术，所以我不认为他是因为了解所以拒绝。3年后，我才终于明白了他当时拒绝的原因。

一开始，他是因为疝气住院的，却因为手术不及时而发展为脑梗塞。那么他拒绝胃瘘的原因，大概就是不想再糟蹋这副身体了。我想，总护士长在为他说明胃瘘这项技术的时候，一定提到了可以延长寿命这件事。所以他可能会觉得，自己这副残破的身体活得越久，身边的人就越辛苦。这么一想，我突然觉得他好可怜。虽然他已经走了21年，但我依旧不确定他当时是出于什么想法拒绝胃瘘。他是个很善良、很为别人着想的人，所以大家来看他固然会让他觉得开心，但他也会担心自己活着只会成为家人的累赘。

所以他不想成为那种就连排泄都需要依靠他人的帮助、只能一动不动地躺在床上的废人吧。我和某家医院的医生说了自己的这个想法后，他告诉我："人的死亡，分为身体死亡和社会性死亡。只有二者同步，才有资格被称为真正的人。"但我告诉他，我不需要这种资格。我还没有得到关于死亡的答案，所以我对所有为死亡而做的标准化手续都十分抵触。同时，如果有人问我是否愿意接受从进食到排泄都需要由他人照顾的生活，那我的答案一定会是"No"。但如果有人告诉我，没有自主能力的人只能接受，那我也的确无力反驳。

上野　我想问您一个问题。如果将来您遇到了和您先生当年一样的情况，而您的女儿则与您当年一样，决定给您装个胃瘘，那您会怎么做呢？

樋口　我会坚决地说不要。（笑）

上野　如果您说不出来怎么办？

樋口　那我就像我老伴一样，用一根大拇指比画出不要。我女儿会理解的，她也不是那种愿意长期照顾父母的人，所以我并不担心。

上野　不到那时可不好说哦。

樋口　即便对这个世界有再多的不舍，有再多想做的事情，最终也要死去的。但我觉得，心中怀揣愿望到最后一刻的人，都是幸福的人。活得越久，眷恋越深。我一直在想，这样的人生应该才算是成功的人生吧。最近很多人都在批判那些有偿为 ALS [1] 患者实施安乐死的医生，这种情况下，患者"想死"的权利自然是会被忽视的。

上野 但我觉得，不为或不能为一个"想死"的人提供活下去的希望，这就是全社会的问题了。

---

[1] 肌萎缩侧索硬化，又称渐冻症。——译者注

惠子小锦囊——
"人生会议"的意义在于不断重复

ACP 指的是一种鼓励临终患者思考自己想要的治疗和护理方式,并提前与家人、医护人员商量、确定的机制。2018年,日本通过公开招募昵称的方式,将 ACP 命名为"人生会议",同时将每年的11月30日定为"人生会议日",希望人们能在这一天认真思考自己生命最后阶段希望得到什么样的治疗和护理。

事先写下未来患病时希望接受的医疗类型,或不希望接受的医疗类型,这种行为被称为"事先指示",写有事先指示内容的文件则被称为事先指示书。可以看出,事先指示书与 ACP 最大的差别之处就在于,前者是以本人意愿为主,而后者则是尊重家人及医疗/护理人员的建议。一个患有严重疾病且康复无望的患者,可以通过安装胃瘘或静脉注射等营养供给方式来获得营养,也可以在无法自主呼吸的时候通过呼吸机等器械来延长寿命。但应该提前与家人或家庭医生商量、确定好自己在未来是否希望通过这些方式来延长寿命。

换言之，应提前告诉身边的人，当自己无康复希望时，自己希望该如何结束生命。重要的是，要定期反复讨论，因为这些内容都可能随着环境和身体状况的改变而变化。能够自由地推翻曾经的想法，让少数派也能无所顾忌地发声的自由，是非常重要的。

结语

就在最近，我的年龄赶超了日本的平均寿命。据统计，在全世界的国家和地区中，日本女性的平均寿命为87.45岁，居世界第二位，仅次于中国的香港。（日本男性的平均寿命为81.41岁，居世界第三位）今年五月，我"顺利"迎来了自己的88岁生日。之所以要强调这个"顺利"，是因为我的心脏、肺部和膝盖上都有旧伤，眼睛也刚做了白内障手术，听力更是一天不如一天。我也不知道自己这是正常的衰老表现，还是已经时日不多了。如今这身子是一日不如一日，哪怕想在走廊上走几步，也只能扶着椅背和墙壁慢慢挪动了，说自己是个"踉跄无力"的老太婆也毫不夸张。如果是去一些熟悉、安全的地方，倒是可以勉强拖着身体去，但不可否认，我的确已经到了"随时都可能闭眼"的年龄。

那么，做好去世的准备就足够了吗？看了这本书后您就能感觉到，比我小16岁的上野千鹤子女士的状态就要比我好很多。或许是性格使然吧。我从小就怕死，甚至觉得其他人可以不怕死地淡定地活着，是一件很不可思议的事情。10岁左右，我曾问过两三个长辈同一个问题："你们怕死吗？为什么每个人都要死，却又都要生孩子呢？"然后一位母亲告诉我："这是没办法的事情啊。就连天皇陛下都会死的。"

在那个时代，天皇就是所有人的精神支柱，一提起天皇，所有人心中的疑虑、恐惧、喜悦等种种情绪都会瞬间被抹去。

战后，包括年仅13岁的我在内的所有日本人都翻身做了自己的主人，所有人都过上了只要努力奋斗就能过上好日子的新生活。与战争年代相比，我们的生活可谓是发生了天翻地覆的改变。长达15年的战争让死伤惨重的日本人无暇思考死亡，一心只想努力地活下去。但也正因如此，当老龄化时代到来，人们不得不面对大量老年人死亡时，日本人似乎感到有些不适应了，因为我们太久没有直面死亡、探讨死亡了。

是的，我们太久没有思考了。生命带给我们不少快乐，但同时也带给我们许多痛苦和艰辛，仔细想想，着实有趣。我这一代人，在经历了女性地位持续低下的战后40年后，又迎来了新时代的巨大改变。这要归功于人类寿命的不断延长。就现在的社会趋势而言，我认为女性无论是在国际事务、社会经济还是道德层面上的地位，都只会不断攀升。我出生在一个飞速变化的时代，遇见了许多人，也为这个时代贡献了绵薄之力，这是何等的幸福啊。我真心地祝愿所有人都能过上更有意义的生活。

如果让我从先人的遗言中选择一句最贴近我此刻心境的话，那大概还是本书中反复出现过的，丰臣秀吉的那句"不舍这繁华人间"吧。我的孩子已经成人，无须我多加牵挂，但这繁华的人世间，我依旧觉得怎么也看不够。感谢所有朋友对我的宽容与照拂，愿你们一生平安顺遂。随着社会日益趋于小家庭化，宽容、关心与感恩一定会成为拉近彼此距离的最佳黏合剂。

谢谢上野千鹤子，谢谢您整理出了这本书。

也谢谢所有愿意读完本书的读者朋友们，谢谢大家。

樋口惠子

图书在版编目（CIP）数据

终于看见了自己 /(日)上野千鹤子,(日)樋口惠子著；潘郁灵译. -- 北京：国际文化出版公司, 2023.3
ISBN 978-7-5125-1443-0

Ⅰ.①终… Ⅱ.①上…②樋…③潘… Ⅲ.①人际关系－女性读物 Ⅳ.①C912.11-49

中国版本图书馆CIP数据核字(2022)第217703号

SHIGARAMI WO SUTETE KOREKARA WO TANOSHIMU JINSEI NO YAMEDOKI
©Keiko Higuchi, Chizuko Ueno, 2020
Originally published in Japan in 2020 by MAGAZINE HOUSE CO.,LTD., TOKYO,
Chinese translation rights in simplified characters arranged with
MAGAZINE HOUSE CO., LTD., TOKYO,
through Japan UNI Agency, Inc. and CA-LINK International LLC (www.ca-link.com)

终于看见了自己

作　　者	[日]上野千鹤子　[日]樋口惠子
译　　者	潘郁灵
统筹监制	鲁良洪
责任编辑	吴赛赛
出版发行	国际文化出版公司
经　　销	国文润华文化传媒（北京）有限责任公司
印　　刷	三河市华晨印务有限公司
开　　本	880毫米×1230毫米　　32开
	7印张　　　　　　　　　100千字
版　　次	2023年3月第1版
	2023年3月第1次印刷
书　　号	ISBN 978-7-5125-1443-0
定　　价	56.00元

国际文化出版公司
地　　址：北京朝阳区东土城路乙9号　　邮　编：100013
总编室：（010）64270995　　　　　　传　真：（010）64270995
销售热线：（010）64271187　　　　　　传　真：（010）64271187-800
E-mail：icpc@95777.sina.net